TOLERANZ STEHT DIR

Lara Piaskowy & Nina Piaskowy

Hashtag
DOPPELLEBEN

Eine Zwillingsgeschichte zwischen
Familie, Followern und Vorurteilen

mindful**books**

INHALT

WARUM DIESES BUCH?

VORWORT DER HERAUSGEBERIN

Dies ist eine persönliche Geschichte. Nicht nur die persönliche Geschichte von Lara und Nina, die ihr hier lest. Sondern auch die Geschichte, wie es zu diesem Buch kam, ist persönlich.

Ich lernte Nina im vergangenen Jahr im privaten Kreis kennen – nicht als Büchermacherin, sondern als interessierter Mensch. Wir sprachen lange, und ich erfuhr von diesem bewegten und engagierten Leben, von der Schwester, die zu der Zeit krank war (deshalb war sie an diesem Abend nicht dabei), von Leas Entwicklung – und das alles hat mich so tief berührt, dass mich der Gedanke daran nicht mehr los ließ.

„Sollte man dies nicht mal als Ganzes erzählen, aufschreiben und veröffentlichen? Könnte dies nicht vielen Menschen helfen? Inspiration geben? Unterstützung schenken?"

Gesagt, getan! Lara und Nina waren begeistert, aber die erste Frage war zunächst: „Wie macht man denn ein Buch?" Nun, das ist meine Profession. Aber die Herzensangelegenheit und all die Energie, die kommt von den Zwillingen.

Wir fragten uns, wie wir die Geschichte erzählen können. So viele Stimmen. So viele komplexe Zusammenhänge … und schließlich so viele Fragen von euch, den Lesern.

Wir entschieden uns für die erzählende Gesprächsform. Eine professionelle Federführerin wurde gesucht und gefunden, Claudia Lenz, die selber viele erfolgreiche Bücher verfasst hatte. Sie hatte sofort ein Herz und viel Empathie für all die Themen, und so entstand dieses Interview. Alle Stimmen von Nina und Lara und der Familie wurden liebevoll zusammengefügt.

Das Ergebnis seht ihr hier, und ich hoffe, es berührt euch gleichermaßen wie mich am ersten Tag! Viel Spaß beim Lesen,

Eure Sabine Schmieder
Herausgeberin

Teil I

UNSERE KINDHEIT

1. BABY- UND KLEINKINDZEIT

LARA: Fangen wir in diesem Kapitel einfach zu dem Zeitpunkt an, als unsere Eltern erfahren haben, dass wir ZWEI werden. Unser Haus war eigentlich so gebaut, dass für genau EIN weiteres Kind Platz war – für ein Geschwisterchen unseres großen Bruders, Tim. So war die Freude über das nun doppelte zweite Kinderglück zunächst eher gedämpft.

Die Mutter, so höre ich in einem Audio, das sie selbst aufgenommen hat, war zuerst sogar richtig geschockt und musste ein paar Tränen verdrücken. Doch als sie ihrem Mann von der Zwillingsschwangerschaft erzählte und dieser guten Mutes sagte: „Da freu´ ich mich doch. Das werden wir schon schaffen!", konnte sie sich ebenfalls freuen.
Der Vater sah sich allerdings nun mit der Aufgabe konfrontiert, das komplette Dachgeschoss umbauen zu müssen … Und das sollte nicht die einzige Herausforderung bleiben. Der „große" Bruder – bei der Geburt der Zwillinge noch keine zwei Jahre alt und bis dahin natürlicherweise Einzelkind – war ein klassisches „Anfängerbaby", sehr genügsam, sehr unkompliziert, so formulieren es die Zwillinge …

NINA: Doch dann kamen wir. Wir haben viel geschrien, wir haben ganz wenig geschlafen …

LARA: … und ich war anscheinend zu dumm zu trinken. Mein Vater erzählt mir immer wieder, dass er mir den Mund zuhalten musste, damit die getrunkene Milch nicht wieder rauslief.

Auch die Mutter berichtet von sehr anstrengenden ersten Jahren mit den Zwillingen, schlicht weil es um Füttern, Pflegen und Großziehen im Doppelpack ging – tja, eigentlich im Dreierpack, denn der Bruder war ja auch noch klein … Sie ist super dankbar, dass die Großeltern mit im Haus lebten und mithelfen konnten.
Nina weiß von ihrem Bruder, dass er nach der Geburt der Zwillinge definitiv zurückstecken musste.

NINA: Aber er war immer der Liebe. Er hat sich zurückgenommen, hat sogar unsere Flaschen aufgetrunken ... Den einzigen Anspruch, den er stellte, war dass er auch dort schlafen wollte, wo unsere Eltern mit uns waren: im Elternschlafzimmer. Er war dort auf seiner Matratze auf dem Fußboden glücklich.

WER IST DIE SCHÖNSTE IM GANZEN LAND?

„Wir streiten uns so oft, wer wer ist (z. B. auf Fotos) – und jede will immer das süßere Baby sein." So können Lara und Nina heute auch hervorragend darüber streiten, wer das Taufkleid von Papa trug und wer seinen Taufring umhatte – kein Streit im eigentlichen Sinne, Zwillingskabbeleien eben. Nur gut, dass die Mama bereits vor 28 Jahren so etwas ahnte und die Fotos hinten mit Bleistift beschriftete, z. B. mit „rechts Lara, links Nina". Sie sah schon damals voraus, dass es später Diskussionen geben würde.

Schabernack im Doppelpack –
Anekdoten aus unserer Kleinkinderzeit

Unsere Eltern hatten eine klassische Wickelkommode mit Schubladen, ganz oben stand die Packung mit den Fluoridtabletten – die zu dieser Zeit alle Kinder vom Arzt verschrieben bekamen – im Vorratspack, für Monate ausreichend. Empfohlene Dosis: täglich eine. Im Teamwork haben wir – noch nicht fähig zu laufen, aber durchaus zu klettern – die Schubladen aufgezogen, als Leiter benutzt, uns dabei gegenseitig geholfen, geschoben, ermuntert und schließlich, oben angekommen, den Rest des Tablettenvorrats komplett aufgefuttert. Der Kinderarzt versicherte unserer völlig panischen Mutter lakonisch, dass wir in der nächsten Zeit erst einmal keine Fluortabletten mehr bräuchten ...
Infolgedessen gab es keine Tablettenpackung mehr auf der Wickelkommode. Doch das Schubladen-Leiter-Prinzip funktionierte auch mit Melkfett, das dort auch ab und zu stand und mit dem wir uns dann gegenseitig einrieben. So stand unsere Mutter mal wieder vor einer ganz neuen Herausforderung: Wie soll man ein Kind abduschen, das einem die ganze Zeit aus den Händen flutscht? Zusammen mit Oma ging das vierhändig zum Glück einigermaßen gut, sogar mit zwei Kindern – aber nacheinander.

Immer wieder fanden uns unsere Eltern morgens neben den Kinderschlafsäcken, statt drin. Und wer weiß, wie ein Kleinkindschlafsack aussieht, der weiß, dass das nur schwer machbar ist: Nicht nur, dass der Reißverschluss aufgezogen werden muss, nein, auch die Ärmchen müssen aus den Armlöchern raus, denn der Schlafsack ist oben wie eine Weste. Also haben uns unsere Eltern die Schlafsäcke verkehrt herum angezogen, mit der Reißverschlussseite nach hinten. Am nächsten Morgen waren wir allerdings wieder raus aus den Schlafsäcken – immer wieder. Bis unsere Eltern entdeckten, dass es sich auch hier um verschwörerische Geschwisterhilfe handelte: Unsere Gitterbettchen standen nebeneinander, und so konnten wir uns einfach die Reißverschlüsse gegenseitig aufziehen. Twinteamwork eben.

Wir hatten als Kleinkinder eine echt nervige Macke, und zwar die panische Angst vor Männern mit (Voll-)Bärten – ohne dass wir jemals schlechte Erfahrungen mit ihnen gemacht hätten. Immerhin hatte unser Opa einen Vollbart, und das war gar kein Thema. Aber fremde Männer mit Bärten waren irgendwie der totale Horror für uns – und damit auch für unsere Eltern: Egal wo, beim Kinderarzt, im Supermarkt, im Restaurant, immer wurde jemand vorgeschickt, um zu eruieren, ob dort ein Mann mit Vollbart saß. Wenn ja, mussten unsere Eltern mit dem Einkauf oder dem Restaurantbesuch so lange warten, bis der Bartträger verschwunden war. Tja ... Zum Glück hat sich diese Bartphobie heute bei uns beiden rausgewachsen.

2. IM KINDERGARTEN

Mit drei Jahren kamen die Zwillinge in den Kindergarten, vormittags für ein paar Stunden von 9 bis 12 Uhr, so wie das „damals" üblich war, wenn ein Elternteil überwiegend zuhause war.

LARA: Wir waren ziemlich krasse Mamakinder, so gab es beim Ankommen im Kindergarten und der Verabschiedung von unserer Mama häufig ein Drama: Wir hingen dann oft jede an einem Bein der Mutter, und wenn eine von uns mal nicht geschrien hat, dann hat die andere sie garantiert animiert. Und das ging gefühlt die gesamte Kindergartenzeit so.

NINA: Wie unsere Mutter das nur ausgehalten hat!?

Die Mutter der beiden sieht dagegen heute weniger die Nachteile als vielmehr die Vorteile daran, dass Nina und Lara schon von klein auf zu zweit waren. Sie erzählt in einem Audio, dass sie es als große Erleichterung empfand, dass ihre Kinder zu mehreren waren – oft dann ja zu dritt mit dem Bruder – und miteinander spielen konnten, etwa bei schlechtem Wetter.
Nina kann sich zudem gut erinnern, dass sie auch im Kindergarten sehr viel mit ihrer Schwester gespielt hat. Sie beschreibt das so: „Wir hatten immer uns." Natürlich spielten Nina und Lara nicht immer nur zu zweit, aber wenn sie zu mehreren waren, dann meistens zu zweit mit jemand anderem oder mit mehreren anderen.

LARA: Unser vierter Geburtstag ist der erste und einzige, den wir getrennt gefeiert haben. Nina hatte Windpocken und musste zuhause bleiben. Ich musste allein in den Kindergarten und Erdbeerquark verteilen – und ich fand das ganz schrecklich, weil ich es so überhaupt nicht gewohnt war, etwas ganz allein zu machen. Es war auch ganz, ganz schwierig, woanders zu schlafen – aber zusammen ging's.

3. GRUNDSCHULZEIT

Wenn man Lara und Nina erzählen hört, was sie im Grundschulalter er-
lebt haben, kommt vor allem eines fast gar nicht vor: die Grundschule.
Das einzige, das ich erfahre: Es gibt an diese Zeit nur gute Erinnerungen.
Und dass vor der Einschulung zu keiner Zeit die Frage gestellt wurde,
ob die Zwillinge getrennt werden, also in verschiedene Klassen gehen
sollten – nicht von den Erziehern, nicht von den Lehrern, nicht von den
Eltern. Und auch nicht von Nina und Lara selbst ... noch nicht. Die Zwil-
linge beschreiben im Rückblick, wie sich das auf die Entwicklung von
Schulfreundschaften auswirkte:

NINA: Wie schon vorher immer, kamen wir ja im Doppelpack in der
ersten Klasse an. Und wir saßen auch nebeneinander. Das hatte den
altbekannten Effekt: Wir Zwillinge wirkten als eingespieltes Team
sehr überlegen, unter anderem auch dadurch, dass wir bei Streitigkei-
ten mit anderen zusammenhielten. So hatten wir wenig Chancen, in
bestehende Gruppen/Freundeskreise aufgenommen zu werden. Das
haben wir relativ schnell kapiert, und wir kannten das schon aus dem
Kindergarten.

LARA: Ihr müsst euch vorstellen, dass wir immer mal wieder NICHT
zu Kindergeburtstagen eingeladen wurden, weil wir eben ZWEI Kinder waren – gemein, oder?

NINA: Deswegen haben wir uns oft auch bei Begegnungen in der
Grundschule schneller wieder zurückgezogen – wir hatten ja uns. EINE
beste gemeinsame Freundin allerdings gab es die gesamte Grund-
schulzeit über. So waren wir ein Trio und hatten es erst recht nicht
nötig, uns irgendwelchen anderen Grüppchen zuzugesellen ...

Aufgrund dieser Erfahrungen haben wir, anfangs mehr unbe-
wusst, entschieden, dass wir uns selbst genug sind. Nach dem

Motto: „Dann bleiben wir halt zu zweit." Und dass wir beide bei Unstimmigkeiten mit anderen zusammenhalten – das tun wir im Übrigen auch heute noch fast immer.

4. SPIELE UND STREICHE

EIN HUND IM PUPPENWAGEN

Oma und Opa hatten einen Hund, der kam ins Haus, als die Zwillinge etwa im Vorschulalter waren, so richtig genau konnten die beiden sich da nicht festlegen.

LARA: Ich kann mich gut erinnern, das war der Abend, als ich mein erstes Magnum-Eis bekommen habe. Und wir haben „Unser Charly" geguckt, mit Opa, unten im Kaminzimmer.

NINA: Das weißt du noch?! ... Aber ja, jetzt wo du es sagst ...

Der Hund, vielmehr der Welpe, hieß Reka, und war ein sehr, sehr ungezogener Hund. Was einfach daran lag, dass er unerzogen war, weil nämlich ALLE Familienmitglieder versuchten, ihn zu erziehen.

LARA: Bis zum Ende durften wir nicht mit dem Hund allein laufen, weil ihn keine von uns hätte halten können.

NINA: Aber er war herzensgut! Wir haben ihn anfangs, als er noch klein war, oft in unsere Puppenwagen verfrachtet, obwohl er auch als Welpe bereits viel zu groß dafür war – er war immerhin ein Golden-Retriever-Schäferhund-Mix –, und er hat es geduldig über sich ergehen lassen.

Auch an die langen Spaziergänge sonntagvormittags mit Oma erinnern sich die beiden noch gut, sie wurden zum wöchentlichen Ritual. Da haben sie Schnecken gesammelt und diese anschließend in Opas Gewächshaus im Salatbeet ausgesetzt – ein wiederkehrender Anlass für Streit zwischen den Großeltern.

Wir sind in einem Mehrgenerationenhaus groß geworden. Die Eltern meiner Mutter wohnten mit uns im Haus. So war immer jemand zuhause, der/die aufpassen konnte, uns Essen kochte, mit uns gespielt hat, uns später beim Klavierüben und bei den Hausaufgaben betreuen konnte. Dafür sind wir heute sehr dankbar!

BÖSE STREICHE MIT TEAM TIGERENTE

LARA UND NINA: Wir gehören wirklich noch zu der Generation, die viel draußen war, Spielekonsolen gab´s noch nicht, Handys sowieso nicht, Fernsehen nur abends und sonntags. Und wer, wie wir, in den 90ern Kind war, weiß, dass immer sonntagsmorgens der Tigerenten Club kam. Unser Bruder wurde nach und nach zu einem glühenden Fan der gelb-schwarz gestreiften Ente: Er hatte sogar eine Tigerentenhose, und er war auch bei unseren Spielen immer „Team Tigerente".

Alle drei Kinder spielten mit viel Fantasie. Sie funktionierten etwa eine alte Sackkarre wahlweise zum Pferd, Taxi oder Bus um, Blätter dienten als Fahrkarten. Sie malten mit Kreide Straßen aufs Pflaster, der Schrankenwärter saß auf der Mülltonne und hatte als Schranke einen Hockeyschläger in der Hand. Und zu solchen Spielen kamen, je älter die Geschwister wurden, neue dazu – denn aus dem super-easy-„Anfängerbaby"-Bruder, wie sie ihn nannten, war schon längst ein richtiger Lausebengel geworden, der die Zwillinge auch schon mal auf Kosten seines Spaßes auflaufen ließ.

LARA: Mein Bruder hatte immer schon ein Faible für Wasserpistolen. Der letzte Schrei war gerade, das Wasser auch noch zu färben. So bewaffnet, wollten wir auf Cabrios ballern. Da näherte sich ein Motorrad, und mein Bruder beschoss den Fahrer mit der Wasserladung. Womit wir nicht rechneten: Der Motorradfahrer hielt an und stieg ab. Wir zwei Mädels versteckten uns hinter der Gartenmauer, von unserem Bruder war weit und breit keine Spur mehr zu sehen. Wir hatten so viel Schiss ... Dann kam der Typ ... und zeigte seinen Polizeiausweis ... und wir nahmen Reißaus.

NINA: Unsere Mutter fragte uns, nachdem wir völlig aufgelöst zurück zum Haus gerannt waren, nur: „Was habt ihr denn jetzt schon wieder angestellt?"

Nina und Lara erinnern sich auch noch an das Baumhaus, das Tim, so vermuten sie, statt eines selbst zu bauen, einfach in Beschlag genommen hatte. Hier hortete er Zigaretten. Lara meint bis heute, dass er einfach nur Papier gedreht und angezündet hätte. Nina schwört, dass sie nach dem Genuss einer solchen „Zigarette" kotzen musste ...

Wir hatten wirklich eine schöne Kindheit: Mit unseren Eltern hatten wir großes Glück. Unsere Mutter war immer zuhause. Und wenn sie gemeckert hat, dann gehörte das zum Alltag. Wenn Papa eine Ansage machte, dann war das durchaus sehr ernst zu nehmen. Wenn beide Eltern gegen uns waren, gab es da ja immer noch Oma, die zu uns halten konnte. Nur Opa ... der hat sich immer aus allem rausgehalten.

Was für uns schon
damals wichtig war und
auch im Nachhinein
immer noch wichtig ist:
Irgendwo war in unserem
Zuhause immer eine Tür
offen für uns. Immer war
jemand da für uns —
es war ein sehr offenes
Haus, in dem wir groß
geworden sind.

Unsere Urlaube – wunderschöne Erinnerungen

Zwei Urlaubsorte aus ihrer Kinderzeit sind dem Twinteam noch beson-ders in Erinnerung: Der eine liegt in den Niederlanden, der andere in Kärnten/Österreich.
Nach Vrouwenpolder in Zeeland/Niederlanden, erfahre ich, sind die Zwillinge das erste Mal bereits mit wenigen Wochen und auch später oft mit Mutter und Oma gefahren. Sie verbrachten dort regelmäßig die Sommerferien, bis sie sechs, sieben Jahre alt waren, später auch noch viele Herbst- und Osterferien. Noch heute kommen sie immer wieder einmal nach Vrouwenpolder, wenn auch nicht mehr in das Haus, das die Eltern damals regelmäßig gemietet hatten, denn das wurde leider verkauft.

NINA: Auch den allerersten Urlaub mit Lea verbrachten wir dort, denn das ist wirklich ein Herzensort unserer Kindheit, den ich gerne zu einem Lieblingsplatz in Leas Kindheit machen möchte.

LARA: Was es jedoch nur einmal in der Urlaubschronik unserer Familie gab, war Skiurlaub. Da waren wir noch Kindergartenkinder und sollten jeden Tag in die Skischule. Horror!

NINA: Das fühlte sich an wie im Kindergarten, ich bekam vor lauter Trennungsangst Bauchschmerzen …

LARA: Und unsere Eltern machten nie wieder Skiurlaub mit uns. Zum Glück.

In Laras und Ninas Grundschulzeit ist die Familie zudem drei Jahre lang im Sommer immer wieder zu derselben Berghütte in Kärnten ge-fahren. Dort gab es dann drei Wochen lang Natururlaub pur …

NINA: ... mit Strom nur dann, wenn die Sonne geschienen hat. Mit Badewasser, das vom Holzfeuer erhitzt wurde ...

LARA: ... die Lebensmittel, die gekühlt werden sollten, mussten vorher wasserdicht verpackt und dann in den Brunnen versenkt werden. Wir haben bei der Heuernte geholfen, miterlebt wie ein Kälbchen geboren wurde ...

NINA: Eine ganz tolle Zeit!

Als die Zwillinge dann 10, 11 Jahre alt waren, begann eine andere Art von Sommerurlaub: Die Ziele lagen weiter weg – es gab Inselurlaube in Südeuropa, Griechenland, Nordafrika, auch Fernreisen waren dabei. Nina zitiert ihre Eltern dazu so: „Die richtig teuren Urlaube kommen erst, wenn die Kinder das auch zu schätzen wissen."

Die Urlaube unserer Kindheit waren allesamt wunderschön!

Horror!!!

5. DAS GYMNASIUM – ERSTE EIGENE WEGE

NINA: Wir fangen am besten mit dem Wechsel aufs Gymnasium an, bei uns ein Mädchengymnasium. WIR wollten da hin, denn erstens fanden wir Jungs in dem Alter sowieso blöd – warum dann nicht auf eine reine Mädchenschule –, zweitens wollten die allermeisten anderen Mädchen aus unserer Klasse auch dorthin gehen.
Und WIR hatten uns dazu entschieden, dass wir es in zwei verschiedenen Klassen versuchen wollten …

LARA: … weil es eben so ist, dass man als Zwilling dicht neben seinem Zwilling viel schwieriger einen Freundeskreis findet, geschweige denn einen, der unabhängig von der Zwillingsschwester funktioniert.

Es war also weniger der Wunsch, mehr einzeln zu sein, als vielmehr der Reiz, die Herausforderung zu spüren, wie es wohl sein würde, „allein" zurechtzukommen, das verdeutlichen beide zu diesem Thema. Sie wollten wissen, wie es ist, wenn eine nach Hause kommt und mal was von der Schule erzählt, was die andere nicht miterlebt hat …
Auch die Eltern fanden das mit den zwei unterschiedlichen Klassen gut, unter anderem im Hinblick auf die bevorstehende Pubertät.

LARA: Ich hatte Glück, fand super schnell guten Anschluss, Freundinnen, mit denen ich viel unterwegs war und zum Beispiel auch gemeinsamen Sport betrieben habe. Aber bei Nina …

NINA: … bei mir war das ganz anders: Es gab einige schon aus der Grundschulzeit stammende Grüppchen, wo es sehr schwer war reinzukommen. Noch dazu: Ich war in der sogenannten Lateinklasse – die Hälfte der Klasse startete mit Latein statt mit Englisch, und da herrschte eine sehr elitäre Stimmung. Alle definierten sich nur über die Noten, alles unter einer zwei war indiskutabel …

Mit Beginn der weiterführenden Schule wollten wir bewusst im Schulalltag etwas Abstand voneinander nehmen ... aber in der Summe hatten wir keine schöne Zeit.

NINA: Klar, es gab schon auch bei mir die eine oder andere kleine Freundschaft. Zu der einen oder anderen habe ich auch heute noch sporadisch Kontakt. Aber meine Schul- und damit auch Kinder-/Jugendzeit war in dieser Klasse für mich ein ständiger Kampf, und der hat mir nicht gutgetan.

Nina wirft diesbezüglich ihren Eltern überhaupt nichts vor, wie sie beteuert. Bei Gesprächen erst in jüngerer Vergangenheit kam heraus, dass die Mutter Ninas Belastung gar nicht so wahrgenommen hatte. Und auch Nina selbst war sich zum damaligen Zeitpunkt nicht darüber im Klaren, was genau das Problem war. Erst jetzt, mit vielen Jahren Abstand, ist Nina sich bewusst, dass es tatsächlich der Leistungsdruck war, der alles so unschön gemacht hatte. Sie sagt: „Ich empfinde diese Zeit wirklich als schwarze Phase in meiner Kindheit."

Mit Ninas Erfahrungen aus der Gymnasialzeit wissen wir, ohne schon einen Plan zu haben, dass wir das in dieser Form jedenfalls nicht für Ninas Tochter Lea wollen.

Sport war immer wichtig

Sport, das sagen beide, war für sie immer sehr wichtig. In der Grund-schulzeit waren Lara und Nina sehr aktiv im Schwimmverein. Das wur-de ihnen aber mit Beginn der weiterführenden Schule endgültig zu nass und zu kalt. Da war für die beiden chronischen „Frierhippen" klar, es hat sich ausgeschwommen. Lara fing dann – unter anderem auch über ihre im Gymnasium neu geschlossenen Freundschaften – mit dem Turnen an ...

LARA: Ich hab' leidenschaftlich geturnt, bis ich weit über 20 war, wenn auch zuletzt immer weniger aktiv, auch wegen meines Studiums. Einen großen Teil meiner Kindheit und Jugend habe ich in dieser Turnhalle verbracht, unzählige schöne Stunden und Tage, die ich nicht missen möchte ...

NINA: ... ein halbes Jahr später bin ich auch zum Turnen dazugesto-ßen. Ich hab' da eine Weile geturnt, dann aber den Weg Richtung Voltigieren mit Pferden in einer Turniergruppe eingeschlagen. So wie Lara zwei-, dreimal die Woche zum Turnen gegangen ist, bin ich zum Voltigieren gegangen.

Lara beschreibt die beiden verschiedenen Sportarten als einen der we-nigen Punkte, in denen die Zwillinge sich unterschieden. Und warum nur wundere ich mich nicht, als ich erfahre, dass Lea bereits heute zwei Sportarten betreibt: Turnen und Voltigieren, jeweils in den angestamm-ten Vereinen der Zwillinge. Aber ich möchte den beiden nicht aus Ver-sehen Unrecht tun, ich weiß, dass sie ihrem Kind jeden anderen Sport ermöglichen würden, und zwar ausgesprochen gerne, wenn Lea sich das aufrichtig wünschen würde. Und dann war da noch was ...

NINA: Bei mir kam an Sportlichem noch was dazu: So mit 18 ungefähr habe ich einen typischen Tanzkurs besucht, und da begann für mich – und zwar völlig konträr zu Lara – eine krasse Sturm- und Drang-Zeit. Mit dieser Tanzkurs-Truppe habe ich das erste Mal zu viel getrunken und die ein oder andere Nacht durchgemacht. Es war eine super intensive, aber auch super kurze Zeit. Ich habe Lea ja mit 21 bekommen. Diese etwa zwei intensiven Jahre davor hab' ich damals als sehr schön empfunden und auch heute noch als richtig gute Zeit in Erinnerung.

Lara hatte mit dieser Tanzschule gar nichts am Hut. Sie sagt heute: „Ich hab' geturnt. Für mich war Tanzen was für die, die's nicht können …" Nina quittiert das im Interview nur mit einem empörten „Haha". Die beiden nabelten sich damals also ein bisschen voneinander ab. Dazu trug auch der Führerschein bei, den sie mit 18 machten. Ab da fuhr Lara allein zum Turnen und Nina allein zum Tanzen …

Sporty Twins

Nicht zuletzt dem immer schon und immer noch so wunderbaren Turn-Trainerteam in unserem Verein ist es zu verdanken, dass auch Lea heute dort turnt. Wir haben in keinem anderen Verein eine so große Akzeptanz gefunden, eine so große Selbstverständlichkeit, mit der jeder so sein darf, wie er ist – seien es die Eltern, seien es die Kinder.

6. UNSERE WICHTIGSTEN BEZUGSPERSONEN

Wenn Nina und Lara beschreiben, wer aus ihrer Sicht zur Familie gehörte, als sie beide Kinder waren, dann kommt wie aus der Pistole geschossen: „Mama, Papa, der Bruder sowie Oma und Opa mütterlicherseits, die mit uns im Haus wohnten". Oma und Opa väterlicherseits lebten immer schon in einer anderen Stadt. Man sah sich regelmäßig, aber nicht allzu häufig. Besonders an den Opa väterlicherseits gibt es eine witzige Erinnerung.

NINA: Als Kind fanden wir, dass unser Opa sehr, sehr, sehr dick war. Er war für uns damals der dickste Mann der Welt …

LARA: Das hatte für uns aber vor allem eine sehr coole Seite. Denn wenn wir bei ihm waren, sind wir oft Schwimmen gegangen und haben mit ihm immer „Insel" gespielt. Die rettende Insel war sein aus dem Wasser herausragender Bauch, wenn er auf dem Rücken schwamm.

Unser Opa väterlicherseits war der einzige Mann, bei dem es zum Frühstück Smarties auf Toast gab.

MAMA

In unserem Interview zu ihrer Mutter berichten Lara und Nina, dass ihre Mama in ihrer Kleinkinderzeit eine „typische Hausfrau" war. Nachdem ich mehr und mehr von dieser Mama gehört habe, würde ich persönlich sie nicht mehr so simpel bezeichnen – doch ich weiß, was die Zwillinge meinen: Ihre Mutter war zu dieser Zeit einfach immer für sie da. Erst als die beiden Mädchen dann mit drei in den Kindergarten kamen, stieg die Mutter mit ca. 10 Stunden Teilzeitarbeit pro Woche wieder ins Arbeits-

leben ein. Die Zwillinge berichten, dass sie froh sind, keine Hortkinder gewesen zu sein, sondern immer um 12 Uhr mittags abgeholt wurden. Um zu verstehen, was den Mama-Zauber ihrer Kindheit ausmachte, sind die folgenden Beispiele von Lara und Nina bezeichnend:

LARA: Ich könnte den größten Fehler meines Lebens machen, und meine Mutter würde sagen: „Boah, musste das sein?" Und im selben Atemzug: „Okay, und wie ziehen wir die Karre jetzt aus dem Dreck?"

NINA: Auch wenn jeder von uns als Kind immer wieder genörgelt hat „Du liebst die anderen aber mehr als mich", stimmt das definitiv nicht. Unsere Mutter hat uns drei Geschwister immer gleich behandelt. Sie war immer fair. Bis heute behandelt sie uns immer alle gleich.

LARA: Sie hat uns jeden Abend ins Bett gebracht, uns einen Gutenachtkuss gegeben. Jede Jahreszeit, jedes Fest wurde schön gefeiert – mit festen Deko-Elementen und Ritualen, genauso, wie es Kinder lieben, sei es zu Nikolaus, Ostern oder zu andern Anlässen. Unsere Mutter hat immer für uns gekocht, jeden Mittag, auch als wir schon im Gymnasium waren. Und wenn sie mal nicht da war, dann hat sie vorgekocht.

NINA: Und wenn wir krank waren, dann hat sie gefragt, was sie uns vom Einkaufen mitbringen soll. Immer!

Damit ich noch besser verstehe, wie gut ihre Mutter war, erzählen die Zwillinge die eine oder andere Anekdote. Zum Beispiel die, als Nina ihrer Mama eines Tages sagte, sie hätte „ein paar Leute eingeladen". Tatsächlich wurden aus den „paar" dann 25 Teens, von denen Gastgeberin Nina nach einer Weile 10 im Schlafzimmer ihrer Mutter auf dem Bett chillend fand. Noch ehe sie die Leute rauskomplimentiert hatte, kam ihre Mutter rein, wünschte einen schönen Abend in die Runde und meinte nur, dass es cool wäre: „... wenn jetzt alle aus meinem Schlafzimmer rausgehen würden".

Unsere Mama war ein Engel. Wir glauben wirklich, wir hatten die beste Mama ever. Es gibt keine Situation, in der sie nicht für uns da war — bis heute.

Und genau deshalb hatten — und haben — wir einen Mega-Respekt vor ihr.

—♡—

Nina war das Ganze ziemlich unangenehm, und sie entschuldigte sich direkt bei ihrer Mutter. Die aber meinte nur: „Ach was soll's. Es weiß halt nicht jeder, wie man sich zu benehmen hat." Und es gibt noch mehr solcher Geschichten …

NINA: … ja, weißt du noch das mit der Geburtstagsparty, die bei uns zuhause startete und in einer Disco weitergehen sollte …

LARA: Oh mann, ja.

NINA: Einer der Gäste war so betrunken, dass er unmöglich mit in die Disco konnte, wir ihn aber auch nicht allein bei uns zuhause lassen wollten.
Mama hat ihn schließlich zusammen mit Lara nach Hause gefahren, während wir anderen uns mit dem Bus auf den Weg Richtung Disco gemacht haben.

LARA: Pragmatisch wie unsere Mutter war, hat sie den betrunkenen Gast zusammen mit einem Eimer – und mir – in das unpassenderweise gerade nagelneue Auto gepackt. Doch trotz Eimer gab es auf dem Weg dann noch eine Mega-Sauerei …

NINA: Wir hatten ein sooooooo schlechtes Gewissen. Aber sie hat uns nichts vorgeworfen.

LARA: Die konnte man nicht so leicht aus der Fassung bringen.

Was insbesondere Nina aufgefallen ist: Ihre Mutter ist als Oma für Lea genauso da, wie sie es für ihre eigenen Kinder, die Zwillinge und deren Bruder, war …

NINA: Meine Mutter hat nicht ein einziges Mal gesagt, sie könne gerade nicht auf Lea aufpassen. Sie ist nicht nur für mich als Mutter da, sondern gleichzeitig genauso auch für Lea. Eine wahre Mama-Oma.

PAPA

Nina und Lara berichten über ihren Papa in den Interviews oft, dass er immer viel gearbeitet hat. Darum war die Mutter Dreh- und Angelpunkt der Familie. Und nicht zuletzt deshalb war der Vater auch bei Konflikten zuhause der eher passive Part. Wenn er aber merkte, so die Zwillinge, „unsere Mutter kommt da nicht allein weiter, hat er eingegriffen, stand uns zur Seite, und zwar immer sehr, sehr diplomatisch."
Beide sind sich einig: „Papa war nicht der Vater, der mit uns im Kinderzimmer auf dem Boden gesessen und mitgepuzzelt hat. Aber er war immer für uns da ..."

NINA: Und er war immer sehr, sehr großzügig, z. B. wenn es darum ging, dass wir an Freizeiten teilnehmen wollten, die so ihren Beitrag kosteten – natürlich alles immer mal zwei.

Interview mit der Mutter

NINA UND LARA: Was waren deine ersten Gedanken und Gefühle, als du erfahren hast, dass du mit uns beiden schwanger bist?

DIE MUTTER: Es war ein Schock. Ich war richtig erschrocken, als ich erfahren habe, dass es zwei sind. Da gingen mir sofort ganz viele Gedanken durch den Kopf: „So viel Platz haben wir gar nicht, es sind nur zwei Kinderzimmer da. Das passt alles gar nicht. Und wie sollen wir das überhaupt schaffen ..."
Aber je mehr ich mich damit beschäftigt habe, umso mehr Freude kam nach und nach dazu.
Zumal der Vater, mein damaliger Mann, von Anfang an total positiv war. Er hat immer gesagt: „Das ist überhaupt kein Problem, das schaffen wir, dann kriegen wir eben Zwillinge, das ist doch schön!"

NINA UND LARA: Kannst du dich vielleicht an einige der schönsten und manche der doofsten Zwillingsmomente erinnern?

DIE MUTTER: Die schönen Momente: Die Mädchen hatten einfach sich. Die brauchten im Prinzip keine anderen Spielgefährten, sie haben immer miteinander gespielt, natürlich auch miteinander gezankt ...
Aber, ich denke, das war in der Kindheit total gut für die beiden.
Dann in der Schulzeit, vor allem in der weiterführenden Schule, wurd's schwierig, weil eben oft nicht jedes Mädchen für sich als eigene Person gesehen wurde, die beiden teilweise einfach als „Zwillinge" abgestempelt wurden.

NINA UND LARA: Was sind schwierige Momente als Zwillingsmama?

DIE MUTTER: Bevor ihr laufen konntet, hatte man immer zwei, die man transportieren musste, die eine rechts, die andere links. Jeden Weg, den man machen musste, überlegte man sich dreimal. Oder ich musste eben die Oma bitten, eine von euch zu nehmen ... Schwierig fand ich in der Kleinkinderzeit auch immer wieder, dass ihr in eurer Entwicklung ja stets gleich weit wart. Da konnte man nicht von der einen verlangen, „die Vernünftigere" zu sein, bei Streits mal nachzugeben – so wie man das bei verschieden alten Geschwistern schon mal von der Älteren verlangt hätte.

Ein weiterer schwieriger Moment war es auch immer wieder, die Kommentare von wildfremden Leuten zu ertragen, wenn sie uns zusammen sahen: [gespielt enthusiastisch] „Ach, das ist aber niedlich! Zwillinge! Ach, wie schön! Ist aber bestimmt viel Arbeit ..."

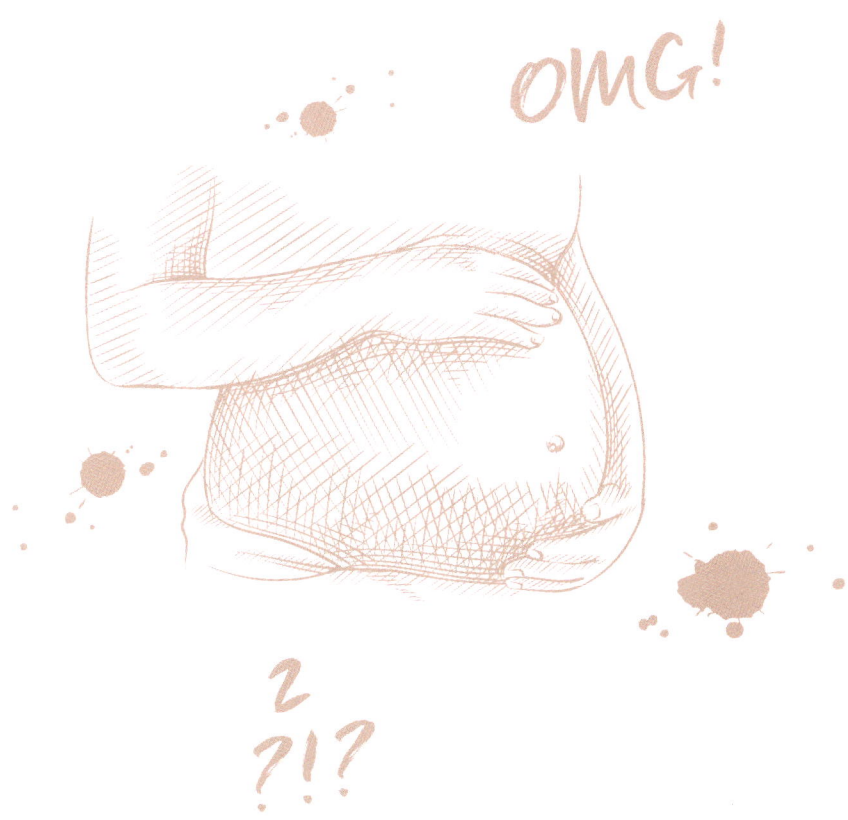

Er ist ganz, ganz anders als unsere Mama – und er ist toll!

NINA: Ich weiß noch, dass ich irgendwie größte Angst hatte, meinem Vater zu sagen, dass ich schwanger bin. Ich weiß gar nicht, warum. Jedenfalls sagte ich, als ich dann endlich bei ihm saß: „Papa, es ist was ganz Schlimmes passiert", und ich musste weinen ...
Er fragte irgendwas wie: „Bist du krank, hast du Krebs?"
Ich: „Nein, ich bin schwanger."
Da nahm er mich in den Arm und sagte lachend: „Na, wenn's sonst nichts ist, jetzt hast du mir aber echt einen Schrecken eingejagt."
Danach haben wir noch über Hinz und Kunz geredet und auch darüber, wie ich denn zu meiner Schwangerschaft stünde. Er hat mir sofort klargemacht, dass egal für welchen Weg ich mich entscheiden sollte, er es mittragen würde, und wenn ich mich für das Kind entschiede, dass es ein willkommenes Familienmitglied sein würde.

LARA: Als Lea geboren wurde, war eine Zeitlang nicht klar, ob Nina und Lea das beide überleben. Ich saß mit meiner Mutter im Krankenhaus im Warteraum und überlegte, wen wir wohl anrufen könnten. Da bat meine Mutter: „Ruf' bitte den Papa an", obwohl sie zu diesem Zeitpunkt schon jahrelang geschieden waren. Meine Mutter sagte, unser Vater wäre jetzt der einzige Mensch, der zu 100 Prozent nachvollziehen könne, wie schlecht es IHR gerade ging. Ich hab' ihn auf der Arbeit erreicht. Er war total fertig, als er die Nachricht hörte.
Doch es gab auch einen lustigen Moment: Als er dann irgendwann kam und wir auf die Intensivstation konnten, meinte er: „Jetzt denken bestimmt alle, ich bin der Vater (der kleinen Lea)." Ich versicherte ihm, dass man gut sehen könnte, dass er nicht der Vater sei, sondern der Opa. Er war wirklich enttäuscht, als eine Schwester ihm am Inkubator auf den Rücken klopfte, mit einem freudigen: „Herzlichen Glückwunsch, lieber Opa".

NINA: Als Lea dann über den Berg war und mein Vater auf der Arbeit zum traditionellen „Babypinkeln" geladen hatte, sagte er zu seinen Kollegen: „So meine Lieben, jetzt, während wir hier essen und trinken, habt ihr die einmalige Chance, mich Opa zu nennen, danach möchte ich das Wort nie wieder hören." Inzwischen kann er sich glücklicherweise viel besser mit dem „Opa" identifizieren. Mittlerweile ist er ja zweifacher Opa, denn auch unser Bruder hat Nachwuchs.

Der Vater der Twins ist eine richtige Sportskanone. Zum Beispiel surfte er etliche Jahre (inzwischen ist er Stand-up-Paddler). Zu diesem Surfhobby gibt es eine sehr rührende Anekdote:

NINA: Papa hat für Lea, zu einer Zeit, wo wir noch gar nicht wussten, wie es mit ihr weitergeht und sie immer noch im Inkubator lag, einen Neoprenanzug gekauft – in XXXS, blau-rot mit Erdbeeren drauf. Er schenkte ihn Lea mit den Worten: „So Fräulein, das ist jetzt deine Motivation, dass du fit wirst." Die Krankenschwester daneben hat uns nur angeschaut mit einem Blick, der besagte: „Aber andere Probleme habt ihr gerade nicht?"

Go Lea Go!

Interview mit dem Vater

NINA UND LARA: Welche Gedanken hattest du, als du von Mama von uns, deinem Zwillingsglück, erfahren hast? Was ging dir da durch den Kopf? Ganz ehrlich!

DER VATER: *[tiefenentspannt]* Nee, es war eigentlich gar nicht so schlimm – eure Mutter fand's schlimmer. Ich kann mich da noch dran erinnern. Ich wurde angerufen, und Mutti hat gesagt, dass sie schwanger ist. Aber es würden zwei werden. Und dann musste ich erst mal Mutti beruhigen, weil sie hat gelacht, dann geheult, dann wieder gelacht, dann geheult – genau in dieser Reihenfolge. Und ich dachte mir nur, was geht denn da jetzt ab?
Ja, und dann, nachdem ich das Telefonat beendet hatte, hab' ich mich dann erst einmal gefragt: Was heißt das denn jetzt? Und sofort sprang mein Kopfkino an, und da gab's so einen Satz: Oh, das wird teuer ...

[Die Zwillinge lachen.]

DER VATER: Jetzt mal im Ernst, die ersten Gedanken, als ich von euch erfuhr, waren neben der großen Freude tatsächlich ganz pragmatische – in denen es um Geld und Platz ging.
Es war mir auf einen Schlag klar: Von einem kleinen schnellen Flitzer als Auto kannste dich verabschieden, da wird's in Zukunft nur noch Kombis geben. Und dann ging's auch schon schnell weiter mit der Frage, wo packste eigentlich die Kinder hin? Und wie kommen wir an genügend Equipment? Wir hatten ja noch viel von Tim aufbewahrt, die Wiege zum Beispiel. Aber für zwei neue Babys?

Die Zwillingsschwangerschaft meiner Frau empfand ich überhaupt nicht als etwas Schlimmes, ganz im Gegenteil: Ich fand's toll, ich fand's spannend. Aber ich wusste auch von Anfang an, es wird nicht so ganz einfach *[lacht]*, da müssen wir noch einiges vorbereiten, bis zu deren Geburt.

NINA UND LARA: Welche Vorteile und welche Nachteile siehst du darin, dass wir von Anfang an zu zweit waren? Wahrscheinlich mehr Nachteile, oder?

DER VATER: Die Frage stellt sich nicht. Ihr seid die Kinder, ihr seid unsere Kinder, ob jetzt nun ein oder zwei, das gibt es keine Diskussion über Vor- oder Nachteile. Was tatsächlich schwierig war ...

LARA: ... dass wir nicht so gut geschlafen haben ...

DER VATER: ... ja, hättet ihr nur mal geschlafen! Ich würde das noch viel allgemeiner formulieren: Ihr wart euch damals schon so herrlich einig uneinig. Ihr habt das irgendwie so hingedreht, dass es für uns Eltern am ungünstigsten war.

DER VATER: Ein Beispiel ist sicherlich dieses Füttern mit der Flasche: Das werd' ich nie vergessen. Ihr wart so ungeschickt, dass ihr beim Trinken seitlich Luft gezogen habt. Und so mussten wir Eltern uns das Fläschchen in die Armbeuge legen und euch mit Daumen und Zeigefinger den Mund links und rechts an den Nuckel drücken. Sonst hättet ihr ja ständig Luft mitgeschluckt – und das wäre ja wieder ein Grund mehr gewesen, viel zu schreien.

Das heißt, man konnte euch auch nicht mal eben weglegen – so wie wir es immer wieder mal bei Tim gemacht hatten: die Flasche in der richtigen Lage gepolstert, er zufrieden weiter nuckelnd ...

NINA UND LARA: Jetzt haben wir aber viel Negatives gehört ...

DER VATER: Nee, find' ich nicht. Mutti und ich haben uns irgendwann mal ein Fotoalbum angeschaut, mit Bildern von euch, als ihr noch klein wart. Und Mutti sagte: „Guck mal, unsere Kinder haben auch mal gelacht!" *[Nina und Lara lachen.]*

Ihr habt immer viel Spaß gehabt. Wenn ihr schön gespielt habt, war es grundsätzlich laut. Aber immer wenn's oben im Kinderzimmer ruhig war, habt ihr Mist gebaut.

[Alle lachen.]

Was dem Vater auch immer in Erinnerung bleiben wird, ist die Abneigung seiner Töchter gegenüber Männern mit Vollbart. Er erzählt von einer Begegnung, als die Zwillinge noch ganz klein waren, noch kein Jahr alt ...

DER VATER: Einmal, erinnere ich mich, waren wir in Bochum in einem Café. Jeder von uns hatte eine von euch auf den Schoß genommen. Und dann kam dieser Kellner mit Bart auf uns zu. Und ich hab' sofort die Hände vor die Augen meines Schoßkinds gehalten ... Wir haben bestellt ... Und irgendwann habt ihr diesen Mann mit Bart dann doch gesehen – das war's dann für uns. Ihr habt so laut geschrien, habt gar nicht mehr aufgehört, habt geschrien wie am Spieß, und wir mussten tatsächlich das Lokal verlassen. Ich glaub', die anderen Leute da drin haben Beifall geklatscht, als wir endlich draußen waren.

All you need is just a little patience!

UNSER BRUDER

NINA: Wie das vielleicht schon im Kindheits-Kapitel angeklungen ist: Mit unserem Bruder verbindet uns eine Art Hassliebe. Es gab eine Zeit, da wir haben wirklich viel miteinander gespielt, viele Rollenspiele, wir haben viel gemeinsam gebaut, wir waren viel draußen in der Natur unterwegs.
Er hat uns richtig viele Flausen in den Kopf gesetzt. Wir mussten ihm aber auch mehrfach den Arsch retten.

LARA: Er war halt auch ein totales Fantasiekind. Wir haben zum Beispiel einmal in seinem Zimmer ein Lager aufgebaut mit vielen Betten für Pippi, Tommy und Annika, die in der kommenden Nacht mit einem Heißluftballon auf dem Dach landen würden. Wir glaubten unserem zwei Jahre älteren Bruder ALLES. Doch in der Jugend haben wir uns gehasst.

NINA: Treppenaufgang mit Rauputz an den Wänden: Wir hatten ständig Schürfwunden, weil er sich auf der Treppe absichtlich breit machte und uns an die Wand drückte. Er boxte uns mit den Knöcheln in die Oberarme, nur um dann zu verkünden: „Das tut nicht weh!"

LARA: Einmal hat er mir richtig wehgetan, und aus Angst, dass die Eltern was hören, hat er mich in seinen Bettkasten gezwängt und sich draufgesetzt.
Die Sturm- und Drangzeit unseres Bruders war echt anstrengend für uns. Im Zweifel haben wir uns immer zu zweit gegen ihn gestellt, sorry Tim, im Nachhinein tut uns das aufrichtig leid! Danach, als er ausgezogen ist, wurde es besser.

NINA: Als ich schwanger war, zum Beispiel, hat er immer gesagt: „Das wird meine Prinzessin". Ich: „Aber ich weiß doch noch gar nicht, ob es ein Junge oder ein Mädchen wird". Er: „Na, dann hoffe ich für ihn, dass er ein Mädchen wird, sonst ist er immer noch meine Prinzessin."

 Tim: „Das wird meine Prinzessin.
Ich werde sie Prinzessin nennen."

Seitdem und bis heute haben wir ein sehr gutes Verhältnis. Insbesondere seit auch er vor einigen Monaten Vater geworden ist, verstehen wir uns gut. Obwohl, oder gerade weil wir uns nicht täglich sehen – aber eigentlich sehen wir uns fast jede Woche.

Mit allen Wenns und Abers sind wir uns einig: Tim ist nicht nur unser einziger, sondern auch unser Lieblings-Brudi.

OMAS UND OPAS

Zu ihren Großeltern väterlicherseits, die in einer anderen Stadt wohnten, hatten Lara und Nina, wie erwähnt, nicht so viel Kontakt – man besuchte sich regelmäßig, sah sich zu Familienfesten.
Ganz anders war die Beziehung zu den Großeltern mütterlicherseits, denn sie wohnten im selben Haus im Erdgeschoss. Mit ihnen lebten die beiden also von Geburt an zusammen. So wurde die Oma zu einer zweiten Mutter, mit der Nina und Lara zum Einkaufen oder zum Kinderarzt gingen und vieles anderes mehr, über das sie weiter unten sprechen. Zunächst erzählen die beiden von ihrem Opa mütterlicherseits.

LARA: Der Opa war immer schon ein Eigenbrötler und wirklich nicht der Empathischste. Wenn er befand: „Das kann man essen", bedeutete das: „Es schmeckt gut." Wenn er das Wort „vorzüglich" benutzte, war das quasi ein Emotionsausbruch. Und wenn er jemanden lieb hatte, klopfte er dem-/derjenigen ruppig auf die Schulter und sagte: „Das kriegen wir doch alles gut hin, ne?"

NINA: Zwischen meinem Vater und der Oma hat´s öfter mal gekracht, weil sie – würde ich sagen – so ziemlich aus dem gleichen Holz geschnitzt waren. Meine Oma war gar nicht so wie meine Mama, obwohl sie ja ihre Mutter ist. Die Oma hat immer auf ihrer Meinung bestanden.

 Unsere Oma war einfach eine typische Oma, sie hat mit uns gekocht, gebacken, hat uns vorgelesen, die Vogelhochzeit vorgesungen …

Die Oma saß immer,
immer, jeden Tag
neben uns am Klavier,
wenn wir geübt haben.

NINA: ... und sie war immer parteiisch, immer auf unserer Seite.

LARA: Weißt du noch, als wir Klavier geübt haben, das Klavier stand ja unten bei Oma. Da hat sie uns immer beim Üben beigestanden, hat mit dem Kochlöffel den Takt geschlagen, bis wir dann endlich, nachdem das Klavier schon so viele Macken abbekommen hatte, ein Metronom bekamen. Mit demselben Kochlöffel hat sie uns dann – wenn uns die Lust verließ – auch immer wieder „aufgezogen", indem sie an unserem Rücken den Kochlöffel aufgesetzt und gedreht hat, wie man eine Spieluhr aufzieht, „damit ihr noch weiterüben könnt".

NINA: Die Oma saß immer, immer, jeden Tag neben uns am Klavier, wenn wir geübt haben ...

LARA: ... aber zwischendurch hat sie gekocht.

NINA: Ja, stimmt, mit einer blau-weiß gestreiften Schürze, die heute meine Mutter trägt.
Generell, Oma hat immer gekocht, es roch immer nach Essen. Ihr erster Satz war immer „Liebchen, hast du Hunger?" Essen war wichtig. Und dann hat sie immer gesagt: „Trinken ist wichtiger als Essen", das hat sie mindestens fünfmal die Woche gesagt. Und danach kam der Satz, den übrigens unsere Mutter inzwischen übernommen hat: „Essen hält Leib und Seele zusammen."

LARA: Leider ist unsere Oma vor einigen Jahren verstorben, aber – zum Glück – hat sie Lea noch kennengelernt. Als wir ihr Lea zum ersten Mal gezeigt haben – wir waren in ihrem Wohnzimmer, ein Elektriker war zufällig da, der sich um den kaputten Fernseher kümmerte –, da nahm sie Lea aus Ninas Armen und hielt das Baby dem Handwerker unter die Nase und fragte: „Haben Sie so etwas Schönes schon einmal gesehen?"

NINA: Das war für mich viel mehr wert als ein dahingesagtes „Herzlichen Glückwunsch". Da lag so viel Uroma-Stolz in dieser Frage.

Leider ist unsere Oma viel zu früh gegangen, sie hätte noch einen riesigen Spaß mit Lea gehabt … Ich bin dankbar für jedes Jahr, das wir mit ihr hatten.

7. DEM GROSSSEIN ENTWACHSEN

NINA: Als Kind war ich mir sicher: Wenn man Auto fahren kann, ist man erwachsen.

Dann dachte ich: Wenn man sein Abitur hat, ist man erwachsen.

Dann dachte ich: Wenn man in seine erste eigene Wohnung zieht, ist man erwachsen.

Spätestens, wenn man ein Kind hat, ist man erwachsen.

LARA: Jedenfalls, klar ist, wir sind keine Mädchen mehr. Wir sind Frauen. Aber „erwachsen" hört sich so spießig und vernünftig, so langweilig an. Wir sind nicht „erwachsen", wir sind „groß" – in dem Sinn, wie Eltern das Wort gegenüber ihren kleinen Kindern benutzen, wenn sie vom Erwachsensein reden.

Wie sah er denn aus, der Übergang zum „Großsein", frage ich die Zwillinge.

LARA: Ich hab´ mich nach der Schule dazu entschieden, Sozialpädagogik zu studieren, an einer Schule in den Niederlanden, einfach, weil das Studium dort deutlich praxisorientierter ist als in Deutschland.

NINA: Ich wollte genau das Gleiche machen, wollte aber in Deutschland studieren, wo sich das Fach „soziale Arbeit" nennt. Tatsächlich hab´ ich genau vier Wochen vor Studienbeginn von meiner Schwangerschaft erfahren, recht blauäugig gedacht, das schaff´ ich schon: „Schwanger und mit Kind – viele machen das". Doch ab Mitte der Schwangerschaft stellte sich heraus, dass es bei mir so nicht laufen würde: Der Rest der Schwangerschaft verlief sehr dramatisch, und Lea kam sehr krank auf die Welt.

Damit stellte sich Ninas ursprünglicher Plan, nach einer maximal einjährigen Studienpause wieder an der Uni weiterzumachen, als nicht praxistauglich heraus. In kürzester Zeit, die mit einem sehr kranken Kind noch intensiver war als mit einem gesunden, entwickelte sie wahnsinnig große Muttergefühle, so beschreibt sie es. Und schnell war ihr klar, dass sie nicht an eine reguläre Universität zurückgehen würde, sondern für ihr Kind da sein musste, nein vielmehr aus ganzem Herzen da sein wollte. Daher hat Nina ihr Studium schließlich an der Fernuni abgeschlossen.
Lara hat ihr erstes Studienjahr in den Niederlanden absolviert. Doch als es Lea dann mit etwa 12 Monaten gar nicht gut ging, verschiedenste Pflegedienste koordiniert werden mussten und Aufenthalte in weit entfernten Spezialkliniken nötig waren, unterbrach sie ihr Studium für ein Jahr. Danach hat sie ohne Unterbrechung zu Ende studiert und ihren Abschluss gemacht. So waren die Studienwege der Zwillinge – trotz gleicher Ausrichtung – letztendlich sehr unterschiedlich.

Wir hatten wenig Zeit, erwachsen zu werden ...
... denn da war Lea
... und mit ihr die Verantwortung für ein Kind, und noch mehr: für ein krankes Kind.

Fühlt ihr euch eurer jungen Erwachsenenzeit beraubt, der Unbeschwertheit, dem Gefühl alles zu dürfen, alles zu können – Partys, Reisen, in den Tag hineinleben ...

NINA: Ich würd´ lügen, wenn ich sagen würde, dass mir diese unbeschwerte Zeit nicht fehlt. Es wäre spannend für mich zu wissen, wie die Zeit ohne Kind gewesen wäre. Klar, ich möchte mein Kind nicht eintauschen. Ich werfe mir nicht vor, schwanger geworden zu sein. Die Zeit hatte auch was ganz Magisches. Und so ganz nebenbei: Wir waren nie die Jugendlichen, die mit ihrem Bachelor in der Tasche für drei Jahre ins Ausland gegangen wären.

LARA: Diese ganze Geschichte, wie sie war, hat uns auch zu dem gemacht, was wir heute sind:
... zu Menschen, die mit offeneren Augen durch die Welt laufen,
... die dankbarer sind
... und toleranter gegenüber unterschiedlichen Lebensentwürfen.

NINA: Ich weiß noch, wie ich, während alle um Leas Gesundheit kämpften, voller Verzweiflung fragte, WAS KANN ICH DENN JETZT TUN? Und der Arzt sagte: „Das Kind muss man jetzt einfach wachsen lassen, sich entwickeln lassen, erst dann können wir weitersehen. Seien Sie einfach da für Ihr Kind."

Nicht machen, sondern sein. Und so haben wir ...
... Lea mit Liebe überschüttet,
... die Situation so angenommen, wie sie ist, und das Beste draus gemacht.

Und es hat funktioniert: Leas gesundheitlicher Zustand nahm einen so guten Verlauf, wie er nicht zu erwarten war. Die Ärzte bestätigten der Familie, dass es für manches dabei gar keine medizinische Erklärung gibt. „Sie haben es mit Ihrer Liebe und mit Ihrer Art geschafft, wie Sie Lea ein Umfeld von Geborgenheit boten", sagte einer der Mediziner.

NINA: Wir, eine atypische Familie, bestehend aus einem Zwillingsschwesternpaar als Eltern, unserer Mama, also der Oma, und ab und zu auch dem Opa – mit diesem unserem Konzept von Familie haben wir das geschafft!

Vielleicht war das
der Moment, in dem wir
„erwachsen" geworden
sind, die Geburtsstunde
des Wunsches, etwas ganz
Wichtiges in die Welt zu
tragen, das da heißt:

„Nur weil es anders ist,
ist es nicht schlechter!"

Teil 2

ZWILLING SEIN

1. SICH GLEICHEN WIE EIN EI DEM ANDEREN – MYTHOS UND WIRKLICHKEIT

„Nein, wir haben uns nicht, bis wir 15 waren, jeden Tag gleich angezogen", bekräftigen Lara und Nina einstimmig. Aber klar, gäbe es zahlreiche Bilder von ihnen als Babys, auf denen sie die gleichen Klamotten anhätten. Sie schätzen sehr, dass ihre Eltern schon früh darauf geachtet haben, dass die Zwillingsgeschwister zwei Einzelpersonen sind – auch bei der Kleidung. „Sie haben uns schon in der Kindergartenzeit darin bestärkt, dass jede von uns das anzieht, was sie selbst gerne mag", erzählt Lara.

Später, in der Schulzeit, erzählen sie mir, gab es durchaus Phasen, in denen sich die beiden gleich angezogen haben – ein nettes Verwirrspiel für die anderen, das jedoch nach ein, zwei Tagen, genau genommen mit dem nächsten Geschwisterstreit, schon wieder zu Ende war.

NINA: Unsere Familie hat in den allermeisten Dingen nach dem Motto gelebt: „Alles kann, nichts muss". Und das betrifft zum Beispiel auch die Hobbys. Klar haben wir dieselben Sportarten angeschaut und ausgetestet. Das würden auch alle Eltern mit mehreren (Nichtzwillings-) Kindern so machen ... Aber wie wir ja schon beschrieben haben, ging es ab einem bestimmten Alter dann mit den Hobbys stark auseinander. Und das war für unsere Eltern genauso in Ordnung, wie es das gewesen wäre, wenn wir beide geturnt, voltigiert oder beide getanzt hätten.

Doch bei aller Individualität, die Nina und Lara ausbilden durften und leben dürfen, sie tun sich enorm schwer, wirkliche „innere" Unterschiede zu benennen. Ist das das Geheimnis des Zwilling-Seins?
Lara hätte als Baby mehr geschrien als Nina – sagen die Eltern und Großeltern. Nina fällt es laut Lara leichter als ihr selbst, auf Menschen zuzugehen ... Lara beschreibt sie beide als extrem ordentlich, merkt aber an, dass Nina da schon „sehr speziell", also extrem wäre. Nina findet, dass

von ihnen beiden Lara mehr nach dem Vater kommt und spielt dabei auf ihre Sturheit an. Das war's dann aber auch schon mit den Unterschieden.

LARA: Was bis heute so ist: Ich glaube, es gibt neben Nina niemand anderen auf der Welt, der mich so gut versteht. Mit ihr kann ich komplett ich selbst sein. Ich brauche mich vor Nina auch nicht zu verstellen, denn das bringt einfach gar nichts, sie durchschaut es sowieso. Und andersherum merke ich auch sofort, wenn Nina irgendetwas beschäftigt. Die kann das zwar sehr gut überspielen, aber mir kann sie nichts vormachen.

NINA: Ja, genau, wir können uns nichts vormachen. Ich bringe mal ein Beispiel für diese Seelenverwandtschaft. Lara erzählt mir was, und ich denke nur: „Jaaaa, genauso ist es bei mir auch. Wie krass verrückt, ich dachte, so komisch ist keine."

Weil wir uns (und unsere Schwächen) so gut kennen, können wir auch gut streiten. Aber unser Streit geht nie länger als 24 Stunden. Wahrscheinlich, weil wir uns im Inneren so ähnlich sind.

2. DIE VORTEILE DES ZWILLING-SEINS

Lara wendet das Gespräch in Richtung „die guten Seiten daran, Zwilling zu sein". Sie stellt heraus, dass es dadurch kaum Situationen in ihrem (frühen) Leben gab, die eine von den beiden allein durchstehen musste. Weil man eben sozusagen „by birth" immer zu zweit war. Das gab ihnen eine Art Ur-Sicherheit.

NINA: Ganz gleich, welche neue Situation – neuer Sport, neue Schule, neue Klassenkameraden –, wir hatten immer eine Portion Bekanntes dabei: die Zwillingsschwester. Wir hatten immer uns gegenseitig als Sicherheit.

LARA: Und es gibt noch einen weiteren Punkt: Sachen, die ich mich nicht traue, bei anderen anzusprechen, kann ich gegenüber Nina ansprechen – egal wie bekloppt sie sich anhören mögen. Charakteristisch für unsere enge Beziehung ist auch, dass ich Sachen mit Nina mitmache, die ich eigentlich bescheuert finde. Etwa wenn Nina zum x-ten Mal ihr Zimmer umräumen möchte – klar helfe ich da dann letztendlich doch ...

Ich bin mir nicht sicher, ob eine „normale" Schwester genauso bedingungslos die Rolle eines zweiten Elternteils für Lea hätte einnehmen können. Andererseits kenne ich Geschwisterpaare, die – obwohl sie in verschiedenen Jahren geboren wurden – ähnlich stark verbunden sind.

GEDANKEN

NINA: Was mich ein Leben lang beschäftigt, ist der Gedanke, welche von uns als erste sterben wird. Früher habe ich immer gedacht, na ja, dann hast du deine eigene Familie, im Sinne von, „dann ist die Zwillingsschwester nicht mehr so nah" ...

LARA: ... das wäre wirklich die Arschkarte für diejenige, die länger lebt. Denn inzwischen sind WIR ja unsere Familie – von wegen Abstand ...

NINA: ... und darum beschäftigt mich das immer noch und immer wieder.

Ich finde, das Selbstverständnis, als Zwilling auch eine einzelne, individuelle Person zu sein, hat auch ganz, ganz viel damit zu tun, wie die Eltern das angehen.

TOP 10 der ulkigsten Zwillingsfragen –
und unsere Antworten darauf

1. Fühlst du das gleiche wie deine Schwester?
   » Wenn wir uns gegenseitig treten schon, wenn nur eine tritt, dann eben nicht.

2. Woher weißt du, dass du du bist, wenn du in den Spiegel schaust?
   » Woher weißt DU, dass du du bist und nicht Angelina Jolie?

3. Habt ihr am gleichen Tag Geburtstag?
   » Es ist voll schwer für Zwillinge, nicht am selben Tag auf die Welt zu kommen, ernsthaft.

4. Wer von euch ist die Echte?
   » Gentest läuft ... immer noch keine Antwort ...

5. Seid ihr dann nicht beide die leibliche Mutter von Lea?
   » Na klar. Wer braucht schon ein Spermium? Zwei Eizellen reichen völlig aus!

6. Sind Zwillingsmädchen eigentlich lesbisch?
   » Dein Ernst??

7. Wer von euch war nicht geplant?
   » Wir denken Nina, da „N" nach „L" im Alphabet kommt ...

8. Habt ihr die gleichen Eltern?
   » ?????

9. Bekommt die Ältere zuerst die Geschenke?
   » IMMER!!!

10. Kennt ihr die Olsen-Twins?
    » Kennst du Donald Trump??

Ein wichtiger Zwillings-
bonus, den wir einfach
so mitbekommen haben:

Wir halten extrem
stark zusammen. Es gibt
zum Beispiel bis heute
Geheimnisse, die wir hüten,
von denen nur wir wissen.
Und die für immer nur
bei uns bleiben werden.

Interview mit dem Bruder
und der Schwägerin

Nina und Lara treffen sich mit ihrem Bruder Tim und dessen Frau Sara, um ein Interview im familiären Umfeld in entspannter Atmosphäre zum Thema Zwillingsschwestern zu führen. Im Hintergrund höre ich immer mal wieder Lea (sechs), die sich liebevoll um Saras und Tims Sohn Emilio (ca. drei Monate) kümmert. Die Zwillinge wenden sich zunächst an Sara:

NINA UND LARA: Sara, was dachtest du, als du erfahren hast, dass Tim Zwillingsschwestern hat?

SARA: Ich weiß ehrlich gar nicht mehr so genau, wie das eigentlich war – ist ja schon ewig lang her. Ich weiß noch, dass ich Nina zuerst kennengelernt habe ... und Schwestern des Freundes, das ist ja immer ʼne Hausnummer ... Dann auch noch zwei und beide vom Alter her so knapp an Tim. Und so charakterstark – so stur, wie ich es selber auch bin. Daher war es am Anfang nicht so einfach mit uns. Aber längst habʼ ich mit euch zwei Freundinnen dazugewonnen.

NINA UND LARA: Hat Tim dir, als ihr euch kennengelernt habt, irgendwas erzählt über uns?

SARA: Ich glaubʼ nicht.

TIM: Sowieso nichts *[grinst]*, und schon gar nichts Negatives ... *[schaut in Richtung Sara]* die Erfahrung durftest du ganz selber machen ...

NINA UND LARA: Sara, wo siehst du die prägnantesten Unterschiede zwischen uns?

SARA: Ja, also: Vom Charakter her ist Nina wie ich, und Lara ist wie Tim. Ich und Nina, wir sind total emotional, wir werden schnell laut, werden schnell wütend. Wir sind schnell auf 180 …

LARA: … ja, ihr seid so Drama-Queens …

SARA: Und ihr, Lara und Tim, ihr seid so richtig ruhig. Mit euch kann man sachlicher sprechen …

TIM: … WIR denken erst mal nach.

NINA UND LARA: Noch eine letzte Frage, die nun euch, Sara und Tim, ganz persönlich betrifft: Was ist für euch Familie?

TIM: Den Begriff „Familie" setze ich gleich mit „Zugehörigkeitsgefühl" … Für mich waren die Schritte hin zu meiner eigenen kleinen Familie zum einen die Hochzeit – dass man eben Mann und Frau ist –, zum anderen das Baby.

SARA: … damit haben wir jetzt unsere eigene kleine Familie.

NINA UND LARA: Aber ist für dich, Tim, eine Hochzeit obligatorisch, damit es eine Familie geben kann?

TIM: Ja … ohne Hochzeit … ich weiß nicht … das kommt darauf an, wie lange man zusammen ist …
Es gibt ja auch viele, die sind seit vielen Jahren eine Familie, Mann, Frau, Kind(er), die heiraten einfach nicht, weil sie das eben nicht brauchen … da gibt's auch einige in meinem Bekanntenkreis.

SARA: … es kommt einfach auf das Gefühl an.

 Tim, du hast über uns geschwiegen und uns damit bei Sara 'ne echte Chance gegeben!

3. LUSTIGE ZWILLINGS-VERWECHSLUNGSSTORYS

NINA: Wir waren im Grundschulalter und haben uns im Wohnzimmer gestritten – nur ein Spielstreit … Papa war auch zuhause, im Arbeitszimmer, und irgendwann ist ihm das zu viel geworden. Er ist ins Wohnzimmer gestürmt und hat gebrüllt: „Mir reicht es jetzt, ihr geht jede auf euer Zimmer!" Dann hat er eine von uns genommen und in ihr Zimmer gesetzt und die andere auch in ihr Zimmer gebracht.
Dumm war nur, dass ich damit in Laras Zimmer saß und Lara in meinem … Diese Anekdote muss sich mein Papa bis heute immer wieder von uns anhören.
Und dann noch was über unsere Oma: Wenn wir gerade unsere Haare gleich hatten, dann waren wir von hinten gesehen natürlich wirklich kaum zu unterscheiden. Wenn wir im Haus dann die Treppe hochgelaufen sind, hat unsere Oma oft so ganz vorsichtig gefragt: „Lara … Lara?" Und wenn man sich dann umgedreht hat: „Ah, Nina, ja richtig, Nina."

LARA: Dann noch eine Geschichte, die erst vor Kurzem passiert ist. Ich war bei Nina und Lea, es hat geklingelt, und Nina ist dem Postboten entgegengelaufen. Und auf einmal ruft Nina: „Komm doch mal runter." Ich dachte, es wäre ein schweres Paket. Dann hatte der Postbote – derselbe, der auch meine Pakete an meine Adresse bringt – zu Nina gesagt: „Hey, ich versteh' das gar nicht. Wohnst du jetzt hier und nicht mehr oben im Dorf?" Darauf Nina: „Das ist meine Zwillingsschwester, die dort wohnt." Was für den Postboten überhaupt nicht nach einer guten Erklärung klang. Erst als ich die Treppe runtergekommen bin und er rechts, links, links, rechts geguckt hatte, war für ihn das Rätsel gelöst.

 „Holger, die Kinder sitzen in den falschen Zimmern."
(die Mutter)

NINA: Letztens wurde in dem Haus, in dem wir wohnen, der Aufzug repariert. Lara war bei uns gewesen, verlässt die Wohnung, grüßt den Mechaniker. 10 Minuten später verlasse ich mit Lea die Wohnung, grüße ebenfalls und lasse einen komplett verwirrten Aufzugsmonteur zurück.

LARA: Hier noch eine kleine Verwechslungsstory – weil viele immer fragen, wie das ist. Also meistens ist es peinlich – und zwar für uns! Klingt komisch? Dann ein Beispiel:
Ich war so etwa 10 Jahre alt, da spricht mich ein Mädchen im Bus an, quatscht mich voll. Und da hab' ich zu lange gezögert, zu sagen, dass sie mich mit Nina verwechselt. Ich wusste, wenn ich das jetzt sage, versinkt die im Boden. Also hab' ich die Verwechslung nicht aufgelöst. Da fängt die doch an, vom Reiten zu reden, Ninas Sport, und ob sie denn das Pferd soundso heute reiten könnte. Und ich – kein Plan –, sag' ja klar. Zuhause stellte sich dann heraus, dass ich Ninas Pferd an ein Mädchen verliehen hatte, das Nina ganz furchtbar fand.

NINA: Und das gab's auch mal umgekehrt. Ich war so 13, 14 Jahre alt. Da kam ein mir unbekanntes Mädchen auf mich zu, hat mich immer so angegrinst, und ich hab' total freundlich zurückgelächelt. Sie: „Danke, dass du mir ein Lächeln schenkst. Ich hab' echt gedacht, irgendwas stünde zwischen uns … Aber ich bin wirklich froh, dass wir das Thema jetzt zur Seite legen können." Ich: „Ja, find' ich auch." Sie: „Vertragen?", ich: „Vertragen!" – so wie man das halt in diesem Alter macht.
Unglücklicherweise hab' ich mich mit einem Mädchen versöhnt, von dem Lara eine gaaaanz schlechte Meinung hatte.

→ *Meine Mama ist da bis heute ein Held im Namensagen, sie dekliniert alle durch: „Lara, Ni…, Ti…, La…, Le… – Nina."*
(Nina)

LARA: Da geh' mal hin am nächsten Tag und sag': „Du, das war meine Zwillingsschwester, die sich gestern wieder mit dir versöhnt hat." Dein Gegenüber glaubt doch, du spinnst.

Immer wieder verrückt ist auch, wenn ich mit Freunden in der Stadt unterwegs bin, und da kommen andere auf uns zu und grüßen mich – obwohl ich die nicht kenne. Dann grüße ich einfach automatisch zurück. Und wenn dann die eigenen Freunde fragen: „Wer war das denn?", muss ich halt immer wieder antworten: „Keine Ahnung, Nina, kennt die wahrscheinlich."

NINA: Richtig gut ist auch, wenn uns jemand entgegenkommt und uns grüßt und wir beide ein freundliches „Hallo" zurückgeben, wir uns dann angucken und beide fragen: „Wer war das?" und in derselben Sekunde beide antworten: „Keine Ahnung!"

LARA: Ein Problem ist auch, wenn dich jemand mit dem falschen Namen ruft, derjenige aber nicht weiß, dass du einen Zwilling hast. Was muss der denken, wie schizo du bist, wenn du auf deinen Namen nicht reagierst.

NINA: Gut ist dann immer, wenn du sagst: „Hey du, ich glaube, du meinst meine Schwester Lara." Und wenn die dann sagen: „Oh mein Gott, ich erinnere mich, du hast ja eine Zwillingsschwester, dann ist die Sache save." Wirklich peinlich wird es aber – wie Lara schon sagte – dann, wenn das Gegenüber losredet wie ein Wasserfall und man selbst erst bei Minute 2:30 die Chance hat, dazwischenzugrätschen …

LARA: … dann lässt du's.

NINA: Dann spielst du das Spiel einfach mit.

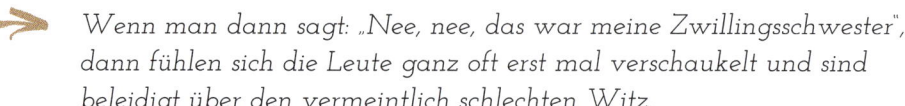

Wenn man dann sagt: „Nee, nee, das war meine Zwillingsschwester", dann fühlen sich die Leute ganz oft erst mal verschaukelt und sind beleidigt über den vermeintlich schlechten Witz.

Was vielleicht niemand auf dem Plan hat: Für UNS sind Zwillings-Verwechslungen am peinlichsten. Die Scham der Verwechslung liegt nicht nur auf der Seite dessen, der den „Zwillingsfehler" macht. Es ist auch für uns immer eine super unangenehme Situation, weil wir eben das Timing finden müssen, die Verwechslung aufzuklären. Und wenn wir sagen: „Du meinst bestimmt meine Zwillingsschwester", dann klingt das für das Gegenüber unausweichlich im ersten Moment pampig und unhöflich.

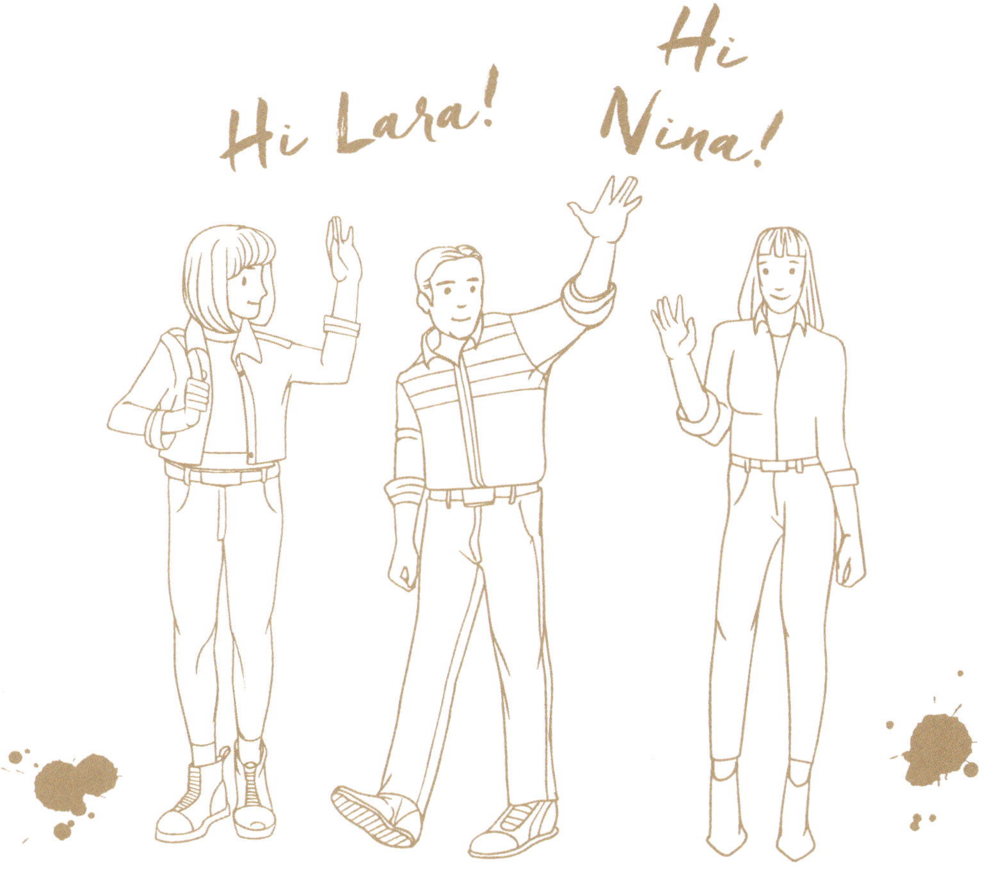

Hi Lara!

Hi Nina!

4. DIE NEGATIVEN SEITEN DES ZWILLING-SEINS

Dass die tiefe Verbundenheit, die auf den vorigen Seiten so eindrucksvoll beschrieben ist, nicht nur ein Segen, sondern auch ein Fluch sein kann, mag erst einmal erstaunen. Nina löst auf: „Nicht für uns, sondern für die anderen. Wir treten denen ab dem ersten Moment als Team im Doppelpack entgegen."

NINA: Es wirkt für eine schon bestehende Gruppe wie eine Mauer, wenn da gleich so ein eingespieltes Team auftaucht. Quasi schon als zusammengeschmiedetes Duo. Dann ist der erste Reflex aus der Gruppe oft: „Ach, die brauchen sowieso niemanden." Oder andere haben Sorge, bei Unstimmigkeiten direkt mit uns beiden aneinanderzugeraten.

Was sowohl Lara als auch Nina als extrem nervig beschreiben, ist das ständige Gleichmachen und Verglichenwerden durch die anderen von klein an. Da wurde etwa gefragt: „Kommen die Zwillinge auch?", als ob die beiden siamesische Zwillinge wären und nicht zwei einzelne Personen. Wenn Lara von ihren Schulnoten berichtete, interessierte das Gegenüber sich sofort auch für Ninas Noten. Wenn Nina von ihrem Hobby erzählte, kam allzu oft die Frage: „Voltigiert deine Schwester eigentlich auch?"

LARA: Und danach wurde entschieden, welche von beiden die bessere, interessantere, schönere, schnellere, was auch immer, war. Das war etwas, was uns extrem belastet hat, gerade auch in der Schule.

NINA: Und dann kam irgendwann dieser Drang, sich zu individualisieren …

LARA: … sodass wir in der Pubertät häufig aneinandergerasselt sind.

Der ständige Kampf des Herausstellens der individuellen Persönlichkeit wird uns ein Leben lang begleiten.

Zum Beispiel, wenn ich mir ein Oberteil aussuchte, und meine Schwester zog dann das gleiche an. Da konnte ich ausrasten!

NINA: Oder wenn Lara sich die gleiche Uhr geholt hatte, diejenige, die eben gerade in war, dann hat mich das voll angekotzt. Obwohl bestimmt 90 Prozent der Mädchen in meiner Klasse auch die gleiche Uhr hatten … Wir versuchten eben ein Stück weit voneinander loszukommen.

LARA: Denn wenn du das Gefühl hast, ständig rennt dein Spiegelbild vor dir her, ist das eben doppelt so schwer.

NINA: Ich hätte oft lieber keinen Zwilling gehabt, sondern eine Schwester unterschiedlichen Alters. Weil ich glaube, unser Zusammenhalt wäre dennoch der gleiche – dafür hätten wir aber nicht dieses ständige Vergleichen erleben müssen.

Erst jetzt, mit Ende 20, sind wir an dem Punkt, wo wir völlig akzeptiert haben, dass wir einfach so eng – und uns in vielen Dingen auch ähnlich – sind, dass wir uns nicht mehr für andere Leute voneinander abgrenzen müssen. Aber bis dahin war es ein langer Prozess.

LARA: Was am Zwilling-Sein auch super nervig ist: das Angeglotzt-Werden. Wir sitzen beispielsweise irgendwo im Café, und dann muss ich noch nicht einmal direkt bemerken, dass uns jemand mustert, sondern ich kann das an Nina „ablesen" …

NINA: Boah, jaaaa …

LARA: … denn dann wird Nina so richtig aggressiv, sie rührt in ihrem Cappuccino rum, und irgendwann sagt sie: „Gleich geh´ ich da hin!"

Und gemeinsam sind wir
doch am stärksten.

←♡→

—

Liebe Zwillingseltern, lassen Sie Ihre Kinder – auch wenn sie am gleichen Tag geboren sind – echte Individualisten werden, vergleichen Sie sie möglichst wenig miteinander, geben Sie Kontra, wenn andere Leute das tun, und weisen Sie auf Zwillings-Diskriminierendes hin, sobald Sie es bemerken.

—

NINA: Ja, das Schlimme ist, wenn diejenigen glauben herausgefunden zu haben, dass wir Zwillinge sind, dann unterhalten sie sich über uns, gucken immer wieder von der einen zur anderen, zur einen, zur anderen …

LARA: … deuten sogar mit dem Finger auf uns.

NINA: Und da bin ich auch mehrfach schon aufgestanden und hab´ die Leute direkt angesprochen, hab´ gefragt, ob irgendetwas falsch ist, die Frisur nicht sitzt oder wir eine Nudel im Gesicht hängen haben, und hab´ ihnen bestätigt, ja, wir sind Zwillinge. – Ober-super-nervig!
Was aber noch viel, viel, viel schlimmer ist als das Beglotztwerden in der Öffentlichkeit: Wenn eine von uns beiden jemanden kennenlernt und derjenige/diejenige zum ersten Mal auf die Zwillingsschwester trifft. Dann fangen diese Leute regelmäßig an, uns akribisch zu vergleichen. Das hat mich ein Leben lang immer so verletzt!
Da musst du dir dann Sätze anhören wie: Deine Augen stehen aber etwas enger beisammen, deine Ohren sind ein bisschen kleiner, du hast ein breiteres Gesicht als deine Schwester, deine Stimme ist piepsiger …" Man macht das nicht! Weil man ja auch nicht weiß, wo man den anderen verletzt – das ist viiiiiel zu nah! Ich hab´ immer versucht, mich aus diesen Situationen so schnell wie möglich herauszuziehen. Ich empfinde es als zutiefst verletzend, wenn die anderen einen abscannen und uns dann vergleichen. Das ist, wie nackt auf dem Präsentierteller zu stehen. Hört auf damit!

Es gibt tatsächlich vielfältige Diskriminierung gegenüber Zwillingen, wir haben einige davon beschrieben. Der Grund ist derselbe, warum auch alle anderen Formen von Diskriminierung geschehen: aus Unverständnis und Hilflosigkeit. Nur so ist es z. B. auch zu erklären, dass eine Lehrerin, die uns nicht unterscheiden konnte, an uns – wir saßen nebeneinander – nur EIN Arbeitsblatt austeilte. So lief sie nicht Gefahr, uns einzeln ansprechen zu müssen.

Teil 3

INFLUENCER SEIN

1. WAS IST EIN INFLUENCER?

„Du hast einen Account und teilst dort in gewisser Weise dein Leben", so beschreibt @dastwinteam Influencer. Ich ergänze für mich: „… ab dem Moment, an dem das auch andere interessiert und sie dir folgen." Für die Follower ist eine der stärksten Motivationen, einem Account zu folgen, übrigens genau der vermeintlich tiefe Einblick ins Leben der Influencer. Dabei bedeutet „das Leben teilen" übrigens viel, viel weniger, als die meisten Leute denken, sagen beide Schwestern.

NINA: Wenn du auf Insta 20 Storys hast, das sind also 20 mal 15 Sekunden – da kann man schlecht behaupten, das wäre das ganze Leben.

Und dann weist Nina noch auf den zweiten wichtigen Aspekt am Beruf der Influencer hin: Dass eben ein Influencer ganz klar auch davon lebt, dass sie/er in das alltägliche Leben ab und an Werbung integriert. Das sei eben der Job.
Ich frage die beiden nach den Anfängen, danach, wie es überhaupt zu diesem Berufskonzept kam. Nina erzählt, sie hätte damit begonnen, das eine oder andere Bild von ihrer Tochter Lea zu teilen. Irgendwann war dann auch Lara ab und zu mit drauf, und die Leute wären total interessiert gewesen an ihnen als Zwillinge. Als sie jedoch in ihren Posts beschrieben, dass sie sich als Zwillingsschwestern gemeinsam um Ninas Tochter kümmerten …

LARA: … dann kam recht schnell Kritik auf. Und das war dann die Geburtsstunde unserer Influencer-Arbeit. Weil wir die Kritik überhaupt nicht verstanden haben. Wir waren doch zwei erwachsene Mädels, die sich um Lea kümmerten – was gab es da zu kritisieren???

NINA: … dann haben wir begonnen, auf Insta über unser anderes Familienmodell zu sprechen. Das gab's ja dort gar nicht. Insta war zu der Zeit unserer Meinung nach viel zu sehr geprägt von viel zu viel schö-

nem Schmuck, schöner Schminke und – nichtssagenden – tollen Bildern. Wir wollten nun über diesen Kanal einfach aufklären –, das war die Geburtsstunde von #wirwerdenlaut. Dazu gibt´s die ausführliche Geschichte ab Seite 100.

2. INSTAGRAM ALS FULLTIME-JOB

Seither hat sich viel entwickelt. Längst ist aus dem hobbymäßigen Posten für Lara und Nina ein Fulltime-Job geworden, als @dastwinteam. Womit sich die so oft gestellte Frage eigentlich erübrigt, ob das eine „richtige" Arbeit ist. Die Twins sagen beide, dass sie lange hart daran zu knabbern hatten, diese Frage immer und immer wieder beantworten zu müssen. Das fühlte sich jedes Mal an wie eine Beleidigung. Inzwischen sind sie da recht gelassen, weil sie einfach selbst wissen: „Ja, wir arbeiten, ‚richtig'!"

NINAS STATEMENT ZUR WERBUNG

Und dann gibt es halt immer wieder die, die sagen: „Ich möchte euch gerne den ganzen Tag lang folgen, aber diese Werbung nervt!" Ganz, ganz oft.
Unser Kanal ist wie eine kostenlose Zeitschrift, die kannst du jeden Morgen nehmen und reinblättern. Du wirst unterhalten, bekommst ganz umsonst tolle Bilder, tolle Videos, tolle Themen … Wie soll sich denn so eine Zeitschrift finanzieren? Ganz einfach, so wie alle anderen Zeitschriften auch: über Werbung. Du musst dir die Werbung weder anschauen, noch musst du was kaufen, du kannst einfach weiterblättern. Wenn wir kein Geld dafür bekommen würden, könnten wir euch nicht entertainen.

 „Dass es ein richtiger Job ist, hinter dem viel harte Arbeit steckt, wusste ich selbst lange nicht", sagt die Mutter, „und ich bin mir sicher, das wissen viele andere auch nicht."

3. SCHÖNE BILDER – GUTE STORYS – HARTE ARBEIT – UNSER TRAUMJOB

LARA: Das häufigste Vorurteil, mit dem wir konfrontiert sind, ist: „Influencer sein ist kein Job, das ist doch keine Arbeit." Die Leute stellen sich vor, das wäre ganz einfach, man hätte den ganzen Tag nichts zu tun …

NINA: … man könnte den ganzen Tag Kaffee trinken.

LARA: Dem ist definitiv nicht so. Natürlich, man ist sein eigener Chef, so wie jede(r) andere Selbstständige es in jedem anderen Beruf auch ist. Damit liegt natürlich auch die Verantwortung dafür, dass man sein Geld verdient, bei einem selber – macht man nichts, verdient man auch nichts. Und es hängt halt auch so viel mehr dran an diesem Job, von dem die Leute nichts ahnen.

Lara und Nina sind sich einig: Was an Arbeit hinter den Kulissen passiert, gehört nicht auf Instagram. Natürlich haben sie Verträge mit Kooperations- und Werbepartnern, die verhandelt werden müssen. Sie müssen penibel ihre Buchhaltung führen, sonst gibt's, wie für jeden anderen auch, Stress mit dem Finanzamt. Und bevor es überhaupt eine Story gibt, die gepostet wird, braucht es eine Menge Planung:

NINA: Wir überlegen uns genau, welche Shootings welche Accessoires brauchen, wir besprechen das Timing …

LARA: … wir müssen einen Plan dazu haben, was wir in den Storys sagen wollen – und was nicht. Das alles schütteln wir nicht mal eben spontan aus dem Ärmel. Da setzen wir uns hin und planen – tatsächlich nicht nur die nächsten Tage, sondern die nächsten Wochen und Monate.

NINA: Eine Story von 15 Sekunden bedeutet zwei bis drei Stunden Arbeit hinter den Kulissen. Das heißt also, wenn wir uns über die letzten Jahre einen so großen Account erarbeitet haben, war das verdammt harte Arbeit. Das hat nichts mit Faulheit zu tun und nichts mit Glück.

LARA: Und wenn wir uns im Jahr 10 Tage gönnen, an denen wir offline sind – also quasi im Urlaub –, dann ist das schon viel für uns.

Inzwischen können wir von Instagram, von unserer Arbeit als Influencerinnen, gut leben – auch zu zweit und ohne Nebenjob. Aber nur deshalb, weil wir uns jetzt so viele Monate so intensiv mit Instagram beschäftigt haben und damit, uns um Kooperationen und Werbepartner zu bemühen. Aber, man muss viel und hart arbeiten und darf keine Mühe scheuen.

Wenn die Leute mal wieder fragen: „Wie, das was ihr da auf Insta macht, ist Arbeit?", dann sind wir inzwischen echt nachsichtig. Nur die wenigsten können wissen, was alles dranhängt an der Produktion unserer Storys. Aber das müssen sie auch nicht. Und wenn wir den Eindruck erwecken, dass wir den ganzen Tag gechillt Kaffee trinken und Produkte vorstellen, tja, dann haben wir alles richtig gemacht.

4. WIE DIE FAMILIE DEN TWINTEAM-JOB WAHRNIMMT

NINA UND LARA: Wie steht ihr zu unserem Job?

DIE MUTTER: Auch ich hab' das am Anfang belächelt, habe zwar mitbekommen, dass die beiden Bilder gemacht haben und ab und zu mal was in die Kamera gesprochen haben. Doch ich war gar nicht groß interessiert, mehr darüber zu erfahren, dachte mir: „Lass die mal machen, das geht bestimmt bald wieder vorbei." Dass es sich so entwickelt und ein richtiger Job wird, mit wirklich viel harter Arbeit, die da dranhängt, das konnte ja keiner ahnen.
Jedenfalls hab' ich mich dann doch mal so ein bisschen reingelesen, bin zwar immer noch nicht ganz im Thema, aber ich finde es gut. Nina und Lara sollen ihren Weg gehen!

DER VATER: Heute find´ ich es super, was ihr macht. Aber am Anfang hab´ ich eure Aktivitäten auf Instagram nicht so ernst genommen. Wie oft hat man das gehört, dass irgendwelche Leute bekundet haben: „Jou, wir machen jetzt auch was auf Instagram!"
Ich sag mal, ihr seid da irgendwie anders rangegangen. Ihr hattet ja auch ein gehaltvolles Thema. Ich weiß noch – war das vielleicht an Muttis Geburtstag? –, wie wir auf dem Balkon saßen bei Kaffee und Kuchen, und ihr habt euch abgeklatscht, weil ihr die ersten 5000 Follower beisammen hattet ...

NINA UND LARA: Ja, stimmt – das haben wir echt gefeiert ...

DER VATER: Ja, ne? 5000 ... heute lacht ihr drüber. Aber das war eben euer Weg, und den habt ihr konsequent verfolgt. Dann hat sich das erst entwickelt, ist ganz langsam immer größer und größer geworden. Ich sehe, dass das harte Arbeit ist. Und das erkenne ich auch an.

Ich find´ das toll, ganz klasse, was ihr macht, und ich gönne euch das von ganzem Herzen!"

Wichtig ist dem Vater, dass die Kinder eine abgeschlossene Ausbildung haben. Mit einer soliden Grundausbildung in der Tasche, sagt er, könnten sie machen, was sie möchten.

DER VATER: Ihr seid jetzt zum Glück beide fertig mit dem Studium, ob ihr hinterher irgendwann in einem einschlägigen Beruf arbeitet, das interessiert erst einmal nicht. Hauptsache, ihr findet einen Plan B, das würde ich mir wünschen.

NINA UND LARA: *[zögern erst, ob sie diese Frage stellen sollen]* Papa, möchtest du etwas über unsere Hater sagen? Warum, glaubst du, haben wir solche Leute, die Hasskommentare schreiben?

DER VATER: Neid, Neid, Neid! Aus meiner Sicht ist so etwas überhaupt nicht nachvollziehbar. Ihr tut doch niemandem etwas. Diejenigen, denen das nicht gefällt, was ihr macht, können sich einfach rausklicken, Enten füttern gehen, was weiß ich …

Nina und Lara befragen auch ihre Schwägerin Sara und ihren Bruder zum Thema Influencer und Hater.

SARA: Ich find´ euren Job sehr gut. Als ihr angefangen habt, beziehungsweise als Nina angefangen hat – sie war ja die erste –, ich weiß noch, dass es da dieses eine Bild gab, von dir *[Richtung Nina]* auf Mallorca, mit der D...-W...-Uhr … *[Alle kichern.]*
… gut, also am Anfang haben wir das belächelt und konnten uns nicht vorstellen, dass das irgendwohin führen könnte. Aber mittlerweile bin ich schon stolz auf euch …

 „Wenn man nix zu sagen hat, einfach die Klappe halten. Ich glaube, dann würde es uns allen viel, viel besser gehen." (der Vater über die Hater im Netz)

Sara ist sich sehr bewusst, dass die Storys der Zwillinge auf Instagram nur ein kleiner Ausschnitt aus dem wahren Leben sind und der Alltag der beiden noch mal ganz anders aussieht.

SARA: Ich wünsche euch, dass ihr damit noch eine gute Weile erfolgreich weitermachen könnt, um auch Rücklagen zu schaffen für die Zeit nach Instagram.

NINA UND LARA: Wie steht ihr zu Hasskommentaren auf Social Media? Denkt ihr, das gehört ein Stück weit einfach dazu, wenn man im Netz öffentlich und beruflich unterwegs ist?

TIM: Das gehört dazu, würde ich sagen. Ich würde das einfach ausblenden ...

SARA: Es kommt aber auch drauf an, wie weit das geht ... Das hat man ja jetzt an dem Fall mit dem Model gesehen. [Sara spielt auf den mutmaßlichen Suizid von Kasia Lenhardt Anfang Februar 2021 an.]

TIM: ... aber ganz ehrlich. Bevor ich mir selber was antue, mach´ ich das Handy doch aus. Das ist doch der Druck, den man sich selber macht, weil man dann kein Geld mehr verdient ...

SARA: ... ja, aber der Start ist bei Mobbing und Hass ... Es gibt immer Kritiker ... Ich finde wichtig, dass man als Follower guckt, WIE man die Kritik rüberbringt – ich denke da zum Beispiel auch an Bodyshaming.

TIM: Man muss aber auch gucken, dass das mit den Hasskommentaren nicht irgendwann geschäftsschädigend wird. Ich denke, manches davon muss man als Influencer tatsächlich ignorieren. Oder man stellt solche Hate-Kommentare eben auf lustige Art richtig.

Steht für mich noch folgende Frage im Raum: „Nun seid ihr so erfolgreich, warum managt ihr euch eigentlich immer noch selbst? Dazu gibt es doch Agenturen, damit könntet ihr doch ganz viel Organisationsarbeit sparen."

NINA: Grundsätzlich sind wir Personen, die stets ihr eigener Herr sein möchten. Das geht damit los, dass wir ausschließlich Produkte bewerben, die unser Selbstverständnis widerspiegeln, Produkte, mit denen wir uns zu 100 % identifizieren können. Anfangs wollten wir uns daher nicht an eine Agentur binden. Man läuft immer Gefahr, dass man irgendwann auch für Produkte stehen muss, die einem vielleicht gar nicht am Herzen liegen.
Doch seit März 2021 haben wir eine tolle Agentur gefunden, bei der wir uns wohl und sicher aufgehoben fühlen.

LARA: Mit der Agentur, mit der wir jetzt zusammenarbeiten, haben wir einen Partner an unserer Seite, der genau das respektiert, mit uns in ständigem Austausch steht und mit dem wir alle Entscheidungen gemeinsam treffen.

5. @DASTWINTEAM VS. NINA UND LARA PRIVAT

Ich frage mich: Gibt es eigentlich die beiden Konzepte, @dastwinteam auf der einen Seite sowie Nina und Lara privat auf der anderen Seite? Gibt es da überhaupt noch sowas wie ein Privatleben? Muss ich mir Nina und Lara im Alltag nicht vielmehr so vorstellen, dass den ganzen Tag die Kamera mitläuft? Wie sonst käme man auf so viele gepostete Storys? Ich bekomme scharfen Gegenwind von beiden.

NINA: Eine Story ist 15 Sekunden lang, lass uns 30 davon am Tag machen. Rechnen wir mal großzügig: Vier Storys sind eine Minute, damit

Und wisst ihr, was wir
neben Instagram machen?

Wir leben unseren Alltag.

Wir pflegen
Freundschaften.

Wir kümmern uns
um unser Kind.

Es gibt Bastelnach-
mittage, Weihnachtsfeiern,
Familienfeste ...

Wir machen Urlaube.

Auch ein Influencer hat ein
völlig normales Leben, nur
dass wir euch da eben
ab und zu mitnehmen.

wären selbst 40 Storys am Tag nur 10 Minuten lang. Damit ist eines ganz klar, hier ist immer nur kurzzeitig die Kamera an.

LARA: Dazu kommt, wir haben ja selber komplett in der Hand, was wir zeigen und was nicht. Wir können selber entscheiden, dass das Handy weggelegt wird, weil die Stimmung gerade mies ist.

NINA: Stellt sich noch die Frage, was ist das Privatleben? Privatleben ist der normale Alltag mit Einkaufen und Putzen – ja, das zeigen wir ab und zu. Dazu gehört aber auch Streiten, dazu gehört Krankheit – solche Sachen posten wir nicht ...

LARA: Natürlich zeigen wir unser Privatleben. Aber wohldosiert. Und in Ausschnitten, bei denen wir selber entschieden haben, dass wir sie präsentieren wollen.

Jeder Influencer zeigt Privatleben, darauf basiert das Selbstverständnis in diesem Beruf. Aber jeder Influencer kann auch selber entschieden, was sie/er aus seinem Privatleben veröffentlicht. Insofern lassen wir unsere Follower nicht an unserem kompletten Privatleben teilnehmen, sondern an selbstgewählten Ausschnitten davon.

Und dann gibt es da noch die immer wieder gestellte Frage von Followern: „Nervt es euch, dass ihr ständig diese Gratwanderung zwischen Beruf und Privatleben machen müsst?" Lara entgegnet darauf ganz klar – und ein wenig genervt:

LARA: Nee, natürlich nervt es mich nicht. Ich habe mich ja selber dafür entschieden, als bloggende Influencerin zu arbeiten. Und das beinhaltet eben, Leute in meinen Alltag mitzunehmen. Also nervt es mich nicht.

NINA: Natürlich gibt es Phasen, wenn es etwa im Privatleben gerade rumpelig ist, aber auch dann ist unsere Influencer-Arbeit nicht nervig, sondern eben anstrengend.

LARA: Das ist genauso wie für jeden anderen Arbeitnehmer, bei dem es privat gerade unrund läuft. Der muss trotzdem pünktlich an seinem Arbeitsplatz erscheinen und gegenüber Kunden guter Dinge sein. Unser Vorteil ist eben der, dass wir in unserer Arbeit flexibel sind, Dinge ausklammern können, über die wir gerade nichts posten möchten, uns in unseren Storys dann auf andere Dinge fokussieren ...

NINA: ... was aber nicht heißt, dass wir unseren Leuten was vorspielen. Sondern wir sagen dann ganz klar, dass wir zu dem einen oder anderen Thema nichts sagen möchten, weil das gerade etwas problematisch läuft.

Auch bei uns ist nicht immer alles Gold, was glänzt. Und wir legen viel Wert darauf, dass das unsere Follower auch mitbekommen, indem wir problematische Themen erwähnen, sie aber nicht breittreten, bevor sie nicht spruchreif sind. Auf der anderen Seite gibt so vieles, was wir noch nie preisgegeben haben und es auch nicht preisgeben werden. Und daher empfinden wir es nicht so, dass unser gesamtes Privatleben online ist.

Eine oft im Raum stehende Frage an Menschen, die in der Öffentlichkeit stehen, ist, ob sie bei laufender Kamera nur eine Rolle spielen oder einfach sie selbst sind. Und wir sprechen jetzt nicht von professionellen Schauspielern, für die sich diese Frage erübrigt, weil eine Rolle zu spielen ihr Beruf ist. Darum möchte ich dazu die Meinung der Zwillingsschwestern hören. Sind sie immer noch dieselben bei laufender Kamera? Lara antwortet mit einem deutlichen Jein ...

Wir sind keine Daily Soap.

Wir sind so authentisch
wie möglich, das ist
uns sehr wichtig.

Das ist so eine Art
Erfolgsgeheimnis eines
jeden Influencers.

LARA: Ich würde behaupten, wir verstellen uns vor der Kamera nicht. Das ist auch das, was wir von den meisten Freunden und aus unserer Familie zurückgemeldet bekommen. Und trotzdem ist es auch manchmal ein Stück weit schauspielern, weil man einfach nicht jeden Tag gleich gut drauf ist. Wenn du aber an einem eher nicht so guten Tag eine Werbung präsentieren musst, dann hat der Kunde trotzdem ein Recht darauf, dass du ordentliche Arbeit ablieferst. Das heißt, wir müssen dann authentisch fröhlich sein. In solchen Momenten bin ich dann eher die Influencerin Lara als der Privatmensch Lara.

NINA: Aber trotzdem, wir versuchen immer möglichst offen zu sein. Wenn bei uns gerade der Haussegen schief hängt, dann erwähnen wir das auch kurz – ohne tiefer einzusteigen. Und dann geht's aber auch professionell weiter. Uns komplett verstellen, das machen wir nicht. Gutes Beispiel ist: Als wir einmal einen Todesfall in der Familie hatten, haben wir das nicht gepostet und weitergemacht als wäre nichts, sondern wir sind einfach offline gegangen.

Natürlich gibt es uns als Influencer und als Privatmenschen. Klar machen wir manche Sachen nicht, wenn die Kamera läuft, wie fluchen, rülpsen oder sowas. Aber das würden wir ja auch nicht machen, wenn wir auf andere Weise unter Leuten wären, im Restaurant, im Theater, im Laden ...

6. SCHATTENSEITEN DER BEKANNTHEIT

Beide, Nina wie auch Lara, erwähnen mehrfach, dass ihr Beruf auch negative Auswirkungen auf ihr Privatleben hat. Allerdings nicht von Anfang an. Ein erster Schritt war die Entscheidung Anfang 2020, Leas Gesicht nicht mehr zu zeigen. Erst in den vergangenen Monaten wäre das sehr konkret geworden. Sie erklären das mit ihrer inzwischen stark gestiegenen Reichweite.

LARA: Wir werden öfter erkannt, was wir im Privatleben gar nicht möchten …

NINA: … sodass wir im Einkaufszentrum gerne auch mal mit Käppi und Sonnenbrille shoppen. Und die Mundschutzpflicht wegen Corona spielt uns da gerade gut in die Karten.

LARA: Es geht bei den unangenehmen Dingen auch um Hetzgeschichten im Internet, die immer größer, immer mehr und lauter werden …

NINA: … mit denen wir erst einmal lernen müssen umzugehen.

LARA: Es geht darum, dass Leute akribisch recherchieren, um herauszufinden, wo wir wohnen.

Nina schwört auf eine abendliche Warme-Worte-Dusche als Mittel gegen Verfolgung, Hass und Falschheiten – die hat sie sich in der Kita ihrer Tochter abgeschaut. Dabei besinnt man sich im Gespräch zusammen einfach nochmals darauf, was eigentlich alles gut läuft und macht sich bewusst, dass es immer Menschen geben wird, die neidisch sind. Lara fügt noch hinzu, dass all die genannten Punkte zwar wirklich Schattenseiten an ihrem Beruf sind, ist sich aber sicher, dass man lernen kann, gut damit umzugehen.

Wir trösten uns oft mit einem Satz unseres Papas, der einmal sagte: „Mädels, denkt dran, Neid muss man sich auch erst mal erarbeiten."

KOLLEGEN AUS DEM NETZ – EIN NETZWERK AUS GLEICHGESINNTEN UND FREUNDEN

LARA: Tatsächlich gibt es inzwischen eine Handvoll Blogger-Kollegen, die zu wirklichen Freunden geworden sind, mit denen wir uns regelmäßig treffen und austauschen. Beruflich, aber auch privat. Und die wir auch im wahren Leben treffen (nur nicht in Corona-Zeiten).

NINA: Unser Netzwerk zieht sich über Deutschland, Österreich und die Schweiz. Und wir empfinden das wie ein Geschenk, weil wir mit diesen Freunden das Gefühl haben, dass man sich nicht ständig erklären muss, dass man einfach total auf derselben Wellenlänge ist.

7. LARA, NINA *UND* LEA:

AUSSCHLIESSLICH PRIVAT

Nina und Lara sind schon seit Anfang 2018 als Influencerinnen aktiv, doch bis sie auf der Straße von mehr und mehr Menschen erkannt wurden, dauerte es ganze zwei Jahre. An ihrem Wohnort (er-)kennen sie mittlerweile sehr viele und wissen, was sie arbeiten. Die kleine Familie wird aber auch häufig erkannt, wenn sie in Einkaufszentren oder anderen Städten unterwegs ist. Oft erfahren die drei das erst im Nachhinein, etwa wenn jemand schreibt …

LARA: … „Ihr habt heute Altpapier weggebracht. Ich hab´ euch zufällig gesehen."

NINA: Ja, das ist super unangenehm, wenn wir das dann erst hinterher erfahren ... Sprecht uns doch einfach in dem Moment an und nicht im Nachhinein über Insta. Ihr braucht da keine Scheu zu haben.

So viel zur Unkompliziertheit von Bekanntheit. Aber irgendwann kam dann der Punkt, an dem die beiden erwachsenen Frauen überlegt haben, inwieweit sie das für die kleine Lea möchten, dieses ständige Auf-dem-Präsentierteller-Sein. Nina erzählt von ihrem Schlüsselmoment in einem Einkaufszentrum: „Lea wurde von einer Frau angesprochen und hat sich eine Weile lang recht angeregt mit ihr unterhalten. Es stellte sich heraus, dass es eine Followerin war, die die kleine Lea erkannt hatte.“ Nina hat hinterher mit Lea darüber gesprochen, die auch damals schon sehr genau wusste, dass sie sich nicht mit Fremden unterhalten darf. Und Lea sagte: „Nee, Mama, die war nicht fremd, die kannte eure Namen, meinen Namen, wusste, was ihr arbeitet ...“

NINA: ... und wahrscheinlich hätte sie auch ohne Probleme unser Geschirr beschreiben können, die Farbe unseres Teppichs. Und auf einmal haben wir gemerkt, dass die Nähe so schnell da ist, dass ein Kind so schnell vertraut, wenn jemand anderes so viel weiß. Das war der Moment, ab dem wir wussten, wir müssen Lea jetzt mit ihrem Gesicht rausnehmen aus unserer Geschichte.

LARA: Sie steht natürlich in der Öffentlichkeit als Person. Das ist für uns auch so in Ordnung. Aber nur deshalb, weil wir, Nina und ich, es in der Hand haben, WIE sie in der Öffentlichkeit steht, WAS von ihr preisgegeben wird.

NINA: Sie ist gerade erst ein Grundschulkind, bewegt sich immer freier, soll Wege irgendwann auch alleine gehen. Seit Januar 2020 gibt es daher kein Lea-Gesicht mehr in den Posts und Storys, und wir haben das keine Sekunde lang bereut.

Was Kinder auf Instagram angeht, finden wir:

Jeder muss das für sich und sein Kind selbst entscheiden und dann auch die Verantwortung dafür tragen. Aktuell fahren wir einen sehr guten Weg, wie wir finden. Lea ist immer mal wieder Teil von Storys und hin und wieder auf Postings zu sehen, jedoch ohne ihr Gesicht zu zeigen. Das ist uns wichtig, und damit fühlen wir uns sicher.

LARA: Dass wir Lea mit dem Gesicht herausgenommen haben, war uns deshalb so wichtig, weil es da ganz klar um ihre Sicherheit geht.

Jedoch, fährt Lara fort, möchte das Kind nun, mit seinen gut sechs Jahren, mehr und mehr auch das machen, was Mama und „Lari" machen. Kein Wunder, sie sieht Nina und Lara ja täglich ihre Arbeit machen. Und das umso mehr, als die beiden ja zuhause arbeiten. So stehen die beiden inzwischen vor einer etwas paradoxen Situation: dass sie Lea erklären müssen, warum sie sie aus den Insta-Storys herausschneiden.

NINA: Wir sagen dann immer: „Mami und Lari möchten, dass nur wir in der Familie dein schönes Gesicht sehen, die ganze Welt muss das nicht sehen."

LARA: Und so machen wir gerade den Spagat zwischen: Das, was Mama und ich machen, ist gut, aber du darfst und kannst das noch nicht alles.

NINA: Unsere grundsätzliche Meinung dazu ist, dass Lea mit dem ganzen Influencer-Geschehen noch gar nichts zu tun haben sollte. Doch das macht wirklich jeder Influencer anders. Manche drücken ihren Kindern schon sehr früh die Kamera in die Hand ...

Es wird ganz grundsätzlich nur das mit der Öffentlichkeit geteilt, was wir auch so zuhause leben. Und das bedeutet bezüglich Lea, dass sie sowohl im Privaten als auch im Öffentlichen ihren Schutzraum haben darf und muss.

Teil 4

FAMILIENKONZEPTE

1. #WIRWERDENLAUT –

DAS STECKT DAHINTER

Hier geht es um einen Hashtag, den Nina und Lara bereits 2019 ins Leben gerufen haben. Die Idee dazu begann zu der Zeit zu keimen, als sie bei Instagram mehr und mehr von sich preisgaben und bekannt wurde, dass es da ... „Zwillingsschwestern gibt, die sich zusammen um die Tochter der einen kümmern". Und dann, so erzählen die beiden weiter, hätte es auf einmal unerwartet viel Gegenwind gegeben, nach dem Motto: „Das ist nicht normal", „Das ist ekelhaft", „Dem Kind fehlt doch was", „Ein Kind kann so nicht aufwachsen" ...

LARA: ... da waren wir völlig irritiert. Was für ein Schwachsinn, dachten wir. Es ist doch völlig egal, ob wir zusammen erziehende Schwestern sind oder ob das Kind zwei Papas, zwei Mamas oder eine Oma und eine Mama hat, die seine Familie sind.

NINA: Wer entscheidet denn bitte, welche Form der Familie gut und positiv prägend und welche schädigend bzw. negativ prägend ist?

Mehr und mehr redet sich Nina so richtig in Rage. Sie erzählt von einem krassen Beispiel aus dieser Zeit. Damals hatte Lea große Probleme, sie aß nicht, brauchte eine Magensonde. Sie waren mit ihr in verschiedenen Krankenhäusern, um eine Lösung zu finden. Da wären sie dann irgendwann einmal zur Besprechung an einen Arzt geraten, der sie kaum ansah, in Leas Akte blätterte und dabei murmelte: „Ja, ja, ich erinnere mich, das war doch hier diese total seltsame Familie, wo sich die Schwester anstelle des Vaters kümmert, und, ja, die Oma unterstützt auch ganz viel ... Tja, Frau P., dass das nicht förderlich sein kann für ein Kind, das ein medizinisches Problem hat, muss ich Ihnen jetzt nicht erklären. Das ist ein Problem von abnormalen Familien - ändern Sie das, und dann wird Ihr Kind auch anfangen zu essen."

NINA: Das war der Punkt, um den Hashtag #wirwerdenlaut ins Leben zu rufen. Wenn gebildete Leute wie Ärzte, die jeden Tag mit vielen Menschen zu tun haben, so dämliche und diskriminierende Meinungen haben, dann müssen wir wirklich was ändern! Wenn es immer noch gängige Meinung ist, dass die traditionelle Familie auf jeden Fall das Beste ist – egal welche Zustände dort herrschen, ob da geschlagen wird, Missbrauch stattfindet, Vernachlässigung ... Und wenn es als abnormal angesehen wird, wie Lara, ich und meine Mutter diese Familie für Lea gebildet haben – dann müssen wir was tun!

Aus dieser Empörung und Verletzung heraus entstand #wirwerdenlaut. Ein Kanal, über den Lara und Nina sehr schnell erfuhren, dass auch viele homosexuelle Paare mit denselben Vorurteilen kämpfen, wenn es um eine Pflegschaft oder Adoption geht. Sie bekamen jede Menge Zuspruch von Alleinerziehenden, von vielen Großmüttern, die ihr Enkelkind aufziehen, von schwulen und lesbischen Pärchen, auch von vielen Geschwistern, von Patchwork-Familien.

#wirwerdenlaut hat letztendlich so viel mehr abgegriffen, so viel mehr Menschen angesprochen, als wir dachten. Da sind wir auf einen ganz wunden Punkt unserer Gesellschaft gestoßen.

We are family!

2. DIE ROLLE VON LARA IN LEAS LEBEN

LARA: Wir werden super oft gefragt, wie Lea uns als Eltern wahrnimmt bzw. OB sie uns als Eltern wahrnimmt.

NINA: Also, dazu kann ich zuallererst sagen, dass ich für Lea ganz klar ihre Mama bin, und Lara ist ganz klar ihre Tante. Ob sie jetzt dieselbe Beziehung zu Lara hat, wie sie sie zu einem Papa haben würde, kann ich nicht beurteilen ...

LARA: ... ich würde behaupten, ich bin ihre zweitwichtigste Bezugsperson.

Nina überlegt, ob man nicht vielleicht sagen könnte, Lara sei so was wie eine zweite Mama für Lea. Eben weil Lara nach der leiblichen Mutter, also nach Nina, die nächste Bezugsperson ist. Und Lara fragt sich, warum man diese zweitwichtigste Bezugsperson eigentlich betiteln muss.

LARA: Warum müssen wir sagen: Ich bin Leas Tante, bin für sie wie ein Papa, wie eine zweite Mutter ... Reicht nicht einfach der Satz: Ich bin für Lea ein sehr, sehr wichtiger Mensch?

NINA: Und dann kann man natürlich in diesem Zusammenhang noch die Frage stellen, ob Lara erzieherisch so eingreift, wie es ein Papa tun würde. *[Zögert]* Aber ist es nicht in jeder Beziehung so, dass einer der „Leader" ist?

LARA: Nina und ich, wir sprechen uns natürlich ab, was Erziehungsfragen angeht. Und es ist für uns ganz klar, dass Nina, weil sie die Mama ist, das letzte Wort hat.

NINA: Und das weiß auch Lea. Wenn es um wichtige Entscheidung geht, sagt Lara ihr immer, dass sie das mit der Mama besprechen muss.

Andererseits darf Lara selbstverständlich genauso schimpfen wie ich, wenn es um nicht eingehaltene Absprachen oder Regeln geht.

LARA: Es ist nicht wichtig, „wer" ich für Lea bin. Bedeutung hat einzig und allein, dass ich eine ihrer wichtigsten Bezugspersonen bin.

Lea weiß natürlich, wer ihre Mama ist. Schon als Baby wusste sie das zu 100 %, auch wenn sie eine Zeitlang das Wort „Mama" für beide verwendet hat – weil sie einfach noch nicht mehr Worte hatte. (So wie sie auch eine Zeitlang zu jedem Mann „Opa" gesagt hat.) Sie hat uns im Übrigen auch noch nie verwechselt.

3. WAS IST EINE „ECHTE" FAMILIE?

„Seht ihr euch als echte Familie?" – Mit dieser Frage habe ich die beiden absoluten Familientiger Nina und Lara echt schwer getroffen. Nina fühlt sich provoziert: „Warum sollten wir unecht sein? Nur weil wir nicht Mutter, Vater, Kind sind?" Ja, warum eigentlich? Lara bleibt nüchterner und stellt fest, dass sie ihr Konzept deswegen für eine „echte Familie" hält, weil es auf einem Gefühl beruht: „weil WIR uns emotional am meisten verbunden fühlen."

NINA: … auch weil wir den größten Teil unserer Zeit zusammen verbringen, uns alle lieben. Und wenn es eine gute Freundin wäre, die uns sehr nah ist, und die hier einziehen würde für die nächsten Jahre, dann würde sie ab diesem Moment auch zur Familie gehören …

LARA: … würde damit ein Familienmitglied, mit dem man das Leben teilt, mit dem man in unguten Situationen mitbangt, sich bei schönen Dingen mitfreut … Ein Familienmitglied, auf das wir uns bestimmt gut verlassen könnten.

 *Die Welt muss aufhören, in starren traditionellen Rastern zu denken.*

NINA: Genauso wäre es, wenn ein Mann bei einer von uns ins Leben tritt. Dann gehört der selbstverständlich auch noch zur Familie!

Ganz klar fordern Lara und Nina seit Jahren (im Rahmen von #wirwerdenlaut), dass wir in unseren Köpfen, aber auch bei ganz offiziellen Definitionen noch viel weiter weg von veralteten Normen kommen müssen, die uns sagen, wann eine Familie eine Familie ist.

NINA: Und was ist denn mit homosexuellen Paaren? Ist das dann keine „echte Familie"? Haben die, wenn sie Kinder großziehen, dann eine „unechte" Familie, also eine, die nicht so gut ist wie eine echte? Wir wünschen uns so sehr, dass alles irgendwann mal auf den Satz hinausläuft: „Das ist meine Familie" und die Leute höchstens interessiert nachfragen ...

LARA: ... ja, nach dem Motto: „Hey erzähl mal, das sieht ja interessant aus mit eurer Familie. Wie setzt sich das denn so zusammen bei euch?"

NINA: Und jemand sagt dann: „Ja, ich hab´ zwei Väter und dann gibt´s da noch meine Schwester, die hat ein Kind, das ist aus einer künstlichen Befruchtung, und nicht zu vergessen mein Patenonkel, der immer für uns da ist ..."
Und wenn dann keiner die Augenbrauen hochzieht, nach dem Motto: „Das ist aber krass" – das wäre dann unsere Vorstellung von Familie! Das wäre einfach schön!

Wir finden die Frage nach einer „echten Familie" nicht mehr angemessen für unsere Gesellschaft im Jahr 2021. Es gibt so viel mehr und andere Familien als das klassische Modell „Mama, Papa, Kind, Kind, Hund". Wir haben heute homosexuelle Eltern, Patchwork-Familien, Coparenting – es gibt so viele mögliche Formen. „Echt" und „Familie" ist es immer dann, wenn von allen Seiten bedingungslose Liebe herrscht.

Zu den immer wieder geäußerten Vermutungen über eine mögliche homosexuelle Beziehung zwischen den beiden Schwestern (!) haben die beiden nur Empörung und Unverständnis übrig. Sie führen solche Denkweisen ebenfalls auf veraltete Vorstellungen von Familie zurück – wo es ja zwingend eine sexuelle Beziehung zwischen den Erwachsenen geben soll, damit Kinder entstehen. Nina und Lara ziehen Lea als Schwestern auf – partnerschaftlich.

Und dann komme ich zu einer ganz praktischen Frage. Mich interessiert, wer im Leben der kleinen Lea welche Aufgaben übernimmt, ob Nina und Lara sich das explizit aufgeteilt haben und, wenn ja, wie.

NINA: Es kümmert sich im Grunde jede von uns beiden gleich. Aber klar mache ich als Mutter vielleicht noch ein paar Dinge mehr. Gerade jetzt, in der Coronazeit, bin natürlich ich es, die mit Lea zum Kinderarzt geht – die Kinder sollen ja dorthin nur noch von einem Erwachsenen begleitet werden. Ich bin es auch, die sich hauptsächlich darum kümmert, dass Lea sich für die Schule fertig macht.

LARA: Das ist ganz genau so wie in jeder anderen Familie auch. Bestimmte Aufgaben übernimmt der eine Elternteil, andere der andere Elternteil.

Die Aufgabenaufteilung ergibt sich teilweise auch daraus, dass Lara aktuell nicht immer mit Nina und Lea zusammenwohnt. Doch selbst für die Tage der Woche, die Lara in ihrer eigenen Wohnung verbringt, überwindet Lea diese räumliche Trennung ganz locker, indem sie Lara regelmäßig fragt, ob sie dann nicht einfach bei ihr übernachten könnte. Auf die Frage hin, ob sie sich dieses Wohnkonzept für immer vorstellen können, höre ich von beiden ein eindeutiges „Nein".

LARA: Wir haben unseren Followern bereits erzählt, dass wir gemeinsam bauen möchten. Und ich glaube, die meisten stellen sich nun vor, dass wir jetzt gemeinsam unser Traumhaus bauen, in dem wir dann alt und grau werden …

 Lea wächst in einer Großfamilie auf – tatsächlich –, das geht sogar als Einzelkind und ganz ohne Papa.

Unsere Definition von
Familie ist ganz einfach:

bedingungslose Liebe,
Glück und Zusammenhalt.

NINA: ... und da hätten wir dann EIN Schlafzimmer und EINEN gemeinsamen Kleiderschrank, und wir teilen uns da alles ...

LARA: Das ist tatsächlich so gar nicht das, was wir wollen.

NINA: Also, wir haben uns super lieb, doch das ist tatsächlich so gar nicht das, was wir wollen. Wir sind halt Schwestern, und das mit dem Alles-Teilen geht gar nicht. Schon immer hat jede von uns ihr eigenes Bett, ihr eigenes Schlafzimmer, ihre eigene Kosmetik und ihren eigenen Kleiderschrank gehabt.

Aktuell sind Lara und Nina daher auf der Suche nach einem Platz, auf dem sie ein richtig schönes „Twinteam-Doppelhaus" bauen können oder ein Mehrgenerationenhaus, also eines mit mehreren separaten Wohnungen. So oder so, es soll in jedem Fall ein Haus werden, in dem jede ihren Freiraum haben kann.

Doppelhaus oder Etagenhaus mit getrennten Wohnungen – so nah und gleichzeitig individuell für jede von uns: Wir wollen unsere Vorstellung von Familie auch in Form eines für uns passenden Wohnkonzepts umsetzen.

4. EIN KIND KANN AUCH OHNE VATER AUFWACHSEN

Ich stelle noch eine Frage, die den Zwillingen schon von vielen Seiten gestellt wurde: „Meint ihr, dass es Lea schadet, ohne Vater aufzuwachsen?"

LARA: Der in unserer Familie nicht vorhandene leibliche Vater von Lea ist in der Tat ein großes Diskussionsthema auf unserem Blog.

NINA: Ja, aber lass uns doch dafür am besten zurückgehen auf unsere Definition von Familie. Man sagt ja: „Um ein Kind aufzuziehen, braucht es ein ganzes Dorf".

Dieses nigerianische Sprichwort versinnbildlicht die Überzeugung, dass Kinder normalerweise nicht mit ihren leiblichen Eltern isoliert aufwachsen, sondern vielmehr in einem sozialen Gefüge, in dem sie vielfältige Ansprechpartner haben. Dahinter steht auch die Idee, dass die viele Arbeit und Verantwortung, die Kindererziehung nun einmal bedeutet, nicht nur auf den Schultern von einem oder zwei Elternteilen ruht, sondern breit verteilt werden kann.

NINA: Wir sind der Meinung, wir bieten Lea dieses Dorf. Denn sie hat unfassbar viele Menschen um sich, die sie lieben: Tante, Oma, Opa, einen Uropa, einen Onkel – nur eben nicht diesen einen Menschen, der der biologische Vater ist ...

Klar wäre es schön, wenn Lea zu ihrem leiblichen Vater Kontakt hätte. Aber wir sind der Meinung, dass wir das sehr, sehr gut auffangen und dass ihr da nichts fehlt.

LARA: Wir sind der Meinung, es fehlt ihr niemand, der sie noch glücklicher machen könnte, als sie es sowieso schon ist, der dazu beitragen könnte, dass sie noch besser aufwächst.

NINA: Alles was Lea braucht, ist in unserer Familie da.

Natürlich wird die Zeit kommen, wo Lea feststellt, dass da eine Person in ihrem Leben nicht anwesend ist. Wir wünschen uns sehr, dass sie das dann nicht als Lücke empfindet, sondern einfach sagen kann: „Es wäre schön, ihn zu kennen." Wir sind überzeugt, ein Vater wäre für Lea nur noch ein Bonus-Punkt mehr in ihrem Leben, ein Mensch der ihr „Dorf" erweitern würde.

5. WAS PASSIERT, WENN PARTNER IN EUER LEBEN TRETEN?

Auch das ist eine Frage, die von den Followern super häufig gestellt wird, ganz oft auch verbunden mit der Sorge, dass, wenn für die eine oder andere ein Traumprinz ins Leben tritt, es dann das Twinteam von heute auf morgen nicht mehr geben wird.

LARA: Liebe Männerwelt, wir sind aktuell nicht auf der Suche, aber, ja, wir sind Singles! Uns Zwillinge verbindet zwar eine tiefe Geschwisterliebe, aber wir teilen natürlich nicht Schlafzimmer, Bett und Unterwäsche.

NINA: Ja, genau, und wir gehen davon aus, dass die Liebe uns schon finden wird. Und zwar jede von uns einzeln. Und wenn das tatsächlich passieren sollte – das mit dem Traumprinzen, dem eine von uns im Supermarkt zwischen Müsli und Fruchtaufstrichen in die Arme läuft –, dann ist das doch wunderschön! Dann sagen wir einfach „Herzlich willkommen!"

LARA: ... der muss dann aber natürlich trotzdem noch durch die „Zwillingsprobe" ... und sollte sich hüten, uns ständig zu vergleichen ...

NINA: Wie gesagt, wir sind bereits eine Familie, jede Rolle ist abgedeckt. Aber wir nehmen gerne „Bonusmitglieder" mit offenen Armen auf. Für noch mehr Liebe, für noch mehr Zusammenhalt.

Ein Partner für die eine oder andere würde weder das Twinteam zerstören, noch unser Patchwork-Familienmodell. Selbst wenn es mit einem Partner noch ein weiteres Baby geben würde. Wir bleiben immer das Twinteam und werden dann eben eine noch größere Familie sein.

Mutter und Vater zum Thema „Familienmodell"

NINA UND LARA: Wie definierst du für dich Familie?

DIE MUTTER: Egal ob Mann und Frau oder Frau und Frau oder Mann und Mann, egal ob in einer sexuellen Beziehung, ob verwandt oder einfach gut befreundet: Familie ist für mich überall dort, wo Menschen zusammenfinden, die sich lieb haben, die füreinander da sind.

NINA UND LARA: Was ist für dich Familie?

DER VATER: Ihr seid für mich Familie. Damit meine ich euch als meine Kinder, Tim natürlich eingeschlossen, dazu meine Enkelkinder Lea und Emilio. Sara gehört ganz klar auch dazu, und genauso zur Familie gehört immer noch meine Exfrau. Das wird immer so bleiben, weil sie die Mutter meiner Kinder ist, weil wir uns nach wie vor gut verstehen. Das ist für mich Familie!

NINA UND LARA: *[nach einer Pause, weil sie von diesem starken Statement sehr gerührt sind]* Wie stehst du dazu, dass Lara von Anfang an so eng mit mir und Lea war? Findest du das anormal?

DER VATER: Also ich sag' mal, wenn wir die ganze Sache 20, 30 Jahre zurückspulen, dann wäre dieses Familienmodell, das ihr da habt, praktisch undenkbar. Ich zum Beispiel bin ein Scheidungskind. Andere Kinder durften aus genau diesem Grund nicht mit mir spielen ...

LARA: ... dachten die, das färbt ab?

DER VATER: Weiß ich nicht. Heute ist alles Gott sei Dank viel offener geworden ... Und in der Form, wie ihr das lebt, funktioniert das ja auch super – was ich, wenn ich jetzt mal ganz ehrlich bin, so nie gedacht hätte. Weil ich ja auch die Schwierigkeiten dazwischen miterlebt habe. Ich denke, ihr habt jetzt ein ganz gutes Modell gefunden ... Ihr könnt euch auch gezielt aus dem Weg gehen. Und für Lea ist das ja in dieser Form auf jeden Fall ein Traum!

NINA UND LARA: ... für uns ist das mit den zwei Wohnungen jetzt perfekt! Das Ding ist tatsächlich, wenn man komplett beruflich und privat zusammen ist, das gibt in jedem Fall Reibungspunkte.

NINA: Was würdest du sagen, als Vater von Kindern, die mit Mutter UND Vater aufgewachsen sind: Denkst du, dass deiner Enkeltochter Lea was Essenzielles fehlt, etwas, das ihr keiner, der aktuell zu ihrer Familie gehört, geben kann?

DER VATER: Nein, nein, warum?

Spulen wir doch mal zurück: Guckt mal, ich hab´ ein Leben lang jeden Tag viele Stunden gearbeitet, dann auch noch meinen Sport gemacht. Da ist sehr viel an Mutti hängengeblieben. Wie viel Zeit pro Tag haben wir dann effektiv gehabt zusammen? Das war damals die typische Situation „Vater – Mutter – Kind(er)“ ... Letztendlich, wenn ich das mit damals vergleiche, habt ihr aufgrund eures Jobs die Möglichkeit, euch beide viel um Lea zu kümmern. Das ist doch das Idealste!

Top-20-Frage in den Posts:

„OMG, stellt euch doch mal vor, eine von euch verliebt sich ...?"

Unsere Antwort:
„OMG, wie schön wäre das!!!"

Teil 5

DUNKLE ZEITEN IN UNSEREM LEBEN

1. ALS NINA IMMER WENIGER WURDE

Die Magersucht begann bei Nina wie bei so vielen Mädchen im typischen Alter von 14, 15 Jahren. Nina kann bis heute nicht einen einzigen bestimmten Auslöser dafür benennen. Sie meint, es wären viele Sachen zusammengekommen: Sie wäre damals in ihrer Klasse überhaupt nicht glücklich gewesen: „... die waren da alle sehr leistungsorientiert. Ich konnte nur mit ganz, ganz viel Lernen mithalten." Es hätte in ihrer Klasse viele Grüppchen gegeben, in die sie sich nicht gut integrieren konnte.

NINA: Irgendwie hatte ich das Gefühl, ich gehörte nirgendwo so richtig dazu – auch wenn ich nicht komplett raus war. Ich konnte nichts herausragend gut, konnte mich dadurch auch durch nichts auszeichnen. Das sind alles Faktoren, die ich rückblickend so benennen kann. Damals habe ich das natürlich kein bisschen so erkennen können.
Irgendwann habe ich einfach weniger gegessen. Da steckte wahrscheinlich tatsächlich zunächst der Grundgedanke dahinter, dass ich abnehmen wollte.

Dazu muss man anmerken, dass weder Lara noch Nina zu irgendeinem Zeitpunkt dick oder auch nur pummelig waren. Ganz im Gegenteil, die beiden haben ja immer schon viel Sport gemacht, da war nirgends ein Gramm Fett zu viel.

NINA: Darum habe ich diesen Gedanken „Ich nehme jetzt mal ab" gar nicht kommuniziert. Mir war schon klar, dass mir da jeder den Vogel gezeigt hätte. Und nach diesen Anfängen bin ich dann einfach reingerutscht in die Krankheit Magersucht. Ich habe mit der Zeit völlig den Bezug zur Realität verloren, den Bezug zu Essensmengen.
Anfangs, wenn dich jemand anspricht, ob du abgenommen hast, bist du noch stolz. Später wird dir das eher unangenehm, weil du es dann gar nicht mehr wahrnimmst, dass es so ist. Als Magersüchtige findest du dich ja selbst mit 10 Kilo Untergewicht noch zu dick. Im Nachhinein

glaube ich, dass das, was mich so am Weiterhungern festhalten ließ, vielleicht das Gefühl war: „Jetzt bin ich in irgendetwas so richtig gut. Jetzt kann ich was kontrollieren, steuern …"

Viele mögen sich fragen, ob diese Krankheit vielleicht etwas mit Ninas Dasein als Zwilling zu tun hatte. Ob sie sich von Lara auf eine gewisse Weise abheben wollte. Nina verneint das sehr bestimmt.

NINA: Von außen betrachtet ist eine solche zerstörerische Challenge mit – oder vielmehr gegen – sich selbst natürlich total hirnrissig. Das Problem ist, dass du bei dieser Krankheit nach einer Weile an einen Punkt kommst, an dem du das nicht mehr erkennen kannst. Du nimmst zwar schon wahr, dass du zu wenig isst und dass andere viel mehr essen. Und du merkst sehr wohl, dass sich dein ganzes Leben nur noch ums Kalorienzählen und Essensvermeiden dreht. Aber du hast jeden Bezug zur Realität verloren.

Und ich muss sagen, wären da meine Eltern nicht gewesen, hätte das echt ganz, ganz übel für mich ausgesehen. Ich war zum Glück noch weit von der Volljährigkeit entfernt, sodass sie, was Therapien und Klinikaufenthalte anging, die Verantwortung übernahmen.

HILFE VON ALLEN SEITEN

Nachdem Nina mit 15 Jahren schnell sehr viel abgenommen hatte, beschlossen die Eltern, sie in eine Klinik einzuweisen. Damit begann eine ganze Serie von Klinikaufenthalten – die insgesamt etwa zwei Jahre dauerte – teils in Einrichtungen vor Ort, teils auch weiter weg, sowohl in psychiatrischen Einrichtungen als auch in Krankenhäusern. Letzteres war nötig, weil Ninas Organe durch die Magersucht stark in Mitleidenschaft gezogen waren. So hatte sie beispielsweise eine Zeitlang Wassereinlagerungen im Herzmuskel …

Das Problem ist, dass du bei der Magersucht irgendwann an einen Punkt kommst, an dem du das Abstruse dieses furchtbaren Wettbewerbs mit dir selbst nicht mehr erkennen kannst.

(Nina)

—⁓

LARA: Am Anfang hab' ich noch versucht, Nina aufzuhalten. Wir waren immer in Kontakt miteinander, haben jeden Tag telefoniert. Aber das war auf einmal so oberflächlich. Ich hatte das Gefühl, ich könnte mit Nina gar nicht mehr über die wirklich wichtigen Dinge sprechen. Da waren wir das erste Mal auf zwei komplett unterschiedlichen Ebenen unterwegs ...

NINA: Du hast recht, wir hatten tatsächlich in dieser ganzen Zeit immer Kontakt. Aber auch aus meiner Sicht heraus wurde der immer oberflächlicher, sodass ich das Gefühl hatte, ich rede mit Lara nicht mehr als mit einer Bekannten. Sie würde mich sowieso nicht verstehen. Diese Krankheit hat uns richtig entzweit. Die Zeit der Magersucht war wirklich sehr, sehr schlimm.

LARA: Diese Situation war für mich echt schwer zu ertragen, da ich einfach zuschauen musste, wie es Nina immer schlechter ging. Nicht nur Nina war mit Beginn der Krankheit erst 14, vielleicht 15 Jahre, auch ich! Ich war mit der ganzen Situation total überfordert. Zum einen, weil ich zum ersten Mal in meinem Leben von Nina getrennt war. Und dazu das gänzlich unbekannte Gefühl: „Wir verstehen uns nicht!" ... Das war irgendwann so deprimierend, dass ich mich während Ninas Klinikaufenthalten mehr und mehr von ihr distanziert habe, weil ich diese Machtlosigkeit, dieses Gefühl, einfach nichts tun zu können, wirklich schlimm fand.

Zum Glück kümmerten sich unsere Eltern sehr gut um Nina, sodass ich mich nicht in der Verantwortung sehen musste, Nina von der Magersucht zu heilen. Auf der anderen Seite waren meine Eltern für mich und meinen Bruder dadurch nicht mehr so greifbar wie vorher. Logischerweise verbrachten sie unheimlich viel Zeit mit Nina, steckten ihre ganze Energie in das Ganze. Das war alles ... irgendwie schrecklich.

 Magersucht ist unter den psychischen Erkrankungen diejenige mit der höchsten Todesrate (10-15 % der Betroffenen sterben an den körperlichen Folgen oder durch Suizid).

LARA: Die Krankheit Magersucht war für mich so gar nicht nachvollziehbar, und ich hatte irgendwie überhaupt keinen Zugang mehr zu Nina. Ich konnte einfach ihre Gedankengänge zum ersten Mal in meinem Leben nicht mehr nachvollziehen …

NINA: Meine Mutter war in dieser Zeit extrem viel für mich da. Sie hat immer an mich geglaubt. Und wenn wir die gesamte Zeit zusammenrechnen würden, die wir in dieser Phase miteinander gesprochen haben, dann kämen wir auf Monate!

Nina weiß, dass viele Leute damals ihrer Mutter geraten haben, das Kind fallenzulassen, die Verantwortung ausschließlich den Ärzten zu überlassen: Sie als Mutter müsse sich da jetzt zurücknehmen. Sie denkt, dass ihre Mutter wirklich ganz, ganz viel aushalten musste. Denn auch zuhause waren sich die Eltern untereinander bei diesem Thema nicht einig. „Aber meine Mama hat einfach nicht aufgehört, mich zu unterstützen", sagt Nina. Und man hört ihr an, dass sie ihr dafür sehr, sehr dankbar ist.

NINA: Es gibt wirklich ganz wenige, die es ganz aus der Magersucht rausschaffen. Doch das ist es genau, was ich für mich zu 100 % sagen kann. Und ich glaube wirklich, den entscheidendsten Teil zu meiner Genesung hat meine Mutter beigetragen – indem sie immer für mich da war. Indem sie sich selbst super vielen Vorurteilen aus dem Umfeld entgegengestellt hat.

DER WENDEPUNKT

NINA: Irgendwann kam tatsächlich – in Verbindung mit dieser bewundernswerten Unterstützung durch meine Mutter – in mir der Wille auf, wieder normal leben zu wollen, zusammen mit Lara wieder alles zu genießen, was wir vorher hatten. Inzwischen war ich 17 Jahre alt. Und ich wollte es endlich selbst: gesund werden. Das war der Wendepunkt.

Zum Glück kam ich dann in diese tolle Spezialklinik Richtung Hamburg, in der ausschließlich Menschen mit allen möglichen Formen von Essstörungen therapiert werden.

Auch nach diesem so hilfreichen, heilsamen Klinikaufenthalt war mein Weg zurück in die Normalität noch steinig. Aber mit der Unterstützung durch meine Mutter UND auch durch Lara, die merkte „Nina kommt wieder zurück, wird so langsam wieder die Alte", habe ich es geschafft. Lara hat mich da auf eine tolle Weise mitgezogen, wieder ins Leben hinein.

Ich bin froh, das Kapitel Magersucht als ein komplett abgeschlossenes Kapitel betrachten zu können. (Nina)

NINA: Heute als 29-jährige Frau, selbst Mutter einer kleinen Tochter, bin ich beim Thema Essstörungen unfassbar hellhörig, was meine Tochter angeht. Auch jetzt schon, obwohl sie erst sechs ist.

LARA: Und dabei geht es gar nicht bloß ums Essen, sondern auch darum, wenn sie etwas sagt, was ihr an ihrem Körper, an ihr selbst nicht gefällt.

NINA: ... oder auch wenn es um eine charakterliche Sache geht. Da sind wir bereits heute sehr, sehr aufmerksam und versuchen, einem schlechten Selbstbild, einer geringen Selbstwertschätzung schon in den Anfängen entgegenzuwirken. Auch wenn Lea noch weit vom Teenageralter entfernt ist.

Ich persönlich muss natürlich aufpassen, dass ich nicht zu viel in solche Aussagen von Lea hineininterpretiere ... (Nina)

 „Erst dann, wenn du selbst gesund werden möchtest, macht eine Therapie überhaupt Sinn. Heilung beginnt im Kopf und nicht auf der Waage." (Nina)

Um es auf den Punkt
zu bringen:
Ich denke, meine Mutter
hat mir damals das Leben
gerettet. Und noch mehr,
sie hat es geschafft,
dass ich heute völlig
gesund leben kann.

(Nina)

WEITERLEBEN – GESUND UND GLÜCKLICH

NINA: Im Laufe der letzten acht bis zehn Jahre hatte ich immer mal wieder Kontakt zu damaligen Freundinnen aus der Zeit der Magersucht. Mit ihnen hatte und habe ich vielfach einen intensiven Austausch. Ich versuch heute, ihnen meine Sicht der Dinge näherzubringen, die Aspekte, die mir geholfen haben.

Gerne nimmt Nina die Rolle einer Kontakt-/Ansprechperson bei Fragen hilfloser Angehöriger von Magersüchtigen ein. Etwa um zu erklären, welche Gedankengänge die erkrankten Mädchen im Grunde haben. Das geht so weit, dass sie sich gemeinsam Gedanken machen, welche Art der Therapie sinnvoll sein könnte: Krankenhaus, Spezialklinik oder Tagesklinik. Nina hilft, die Fakten zu sortieren, sie informiert und gibt den Eltern damit wertvolle Entscheidungshilfen. Auch Eltern, deren Kinder bald aus einer stationären Therapie entlassen werden, fragen sie um Rat, z. B. wie es danach zuhause weitergehen kann.

NINA: Natürlich bin ich keine Medizinerin oder Psychologin. Aber trotzdem bin ich der Meinung, dass ich auf eine gewisse Weise doch Expertin zum Thema Magersucht bin. Denn wer könnte besser Erfahrungen weitergeben als jemand, der selbst erkrankt war, inzwischen aber komplett geheilt ist.

Was wir grundsätzlich zu diesem Thema allen Eltern raten möchten: Seid aufmerksam, schon anfangs, wenn erste Anzeichen auftauchen, dass sich die Essgewohnheiten eurer Kinder verändern. Sprecht mit ihnen. Das kann dazu beitragen, dass Kinder gar nicht erst an Magersucht erkranken. Und wenn es dann doch geschehen ist, dann bleibt als Eltern und nahe Bezugspersonen dran! Auch über Jahre, denn so lange wird es bis zur Genesung auf jeden Fall dauern.

LARA: Es gab Mitpatienten von Nina, deren Eltern irgendwann nach vielen Monaten gesagt haben, es würde jetzt reichen, es mache keinen Sinn mehr, sie würden ihr Kind das jetzt allein durchstehen lassen, es fallenlassen, die Unterstützung verweigern. Das ist aus meiner Sicht genau das Falsche …

NINA: Genau, das ist ja wie eine Bestrafung. – Aber wofür? Fürs Kranksein??

LARA: Mein Rat für Familien lautet: Immer dranbleiben! Das Kind immer und immer wieder ermutigen. Auch nach der Klinikzeit. Ich beispielsweise habe mit Nina, nachdem sie bereits aus der Klinik entlassen war, bestimmt noch 1000 Mal ein und dasselbe Gespräch geführt.

NINA: Das ist das, was den betroffenen Kindern und Jugendlichen Bestätigung gibt, was sie mehr Selbstsicherheit entwickeln lässt. Das ist etwas, was mir damals sehr geholfen hat.

2. EINE DUNKLE ZEIT FÜR LARA

Eine weitere schwierige Phase im Leben der Zwillinge und ihrer gesamten Familie liegt – im Gegensatz zu Ninas Krankheit – erst kurze Zeit zurück: Sie betrifft einen großen Teil des Jahres 2020. Und es weiß nur ein enger Kreis bisher überhaupt davon.

Wie es anfing …

LARA: Richtig angefangen hat es eigentlich schon im Dezember 2019. Ich hatte ständig das Gefühl, ich bin total schlapp, irgendwie krank, ständig müde – aber für richtig Kranksein fühlte es sich nicht schlimm genug an …

Ratschläge von Nina für Betroffene

An Angehörige: Seid achtsam und versucht, möglichst früh erste Anzeichen von verändertem Verhalten hinsichtlich des Essens zu erkennen. Allerspätestens, wenn ihr wahrnehmt, dass ein Kind in eurer Familie beginnt stärker abzunehmen, sucht den Kontakt direkt zum Kind. Seid für das Kind da, sprecht mit ihm. Das ist immer besser als über Mittelspersonen. Vermeidet verhaltensbestärkende Sätze wie: „Wow, du hast abgenommen!"

Eine Magersucht beginnt im Kopf, nicht im Körper. Längst vor einer sichtbaren Gewichtsabnahme hat sich eine psychische Störung entwickelt. Daher ist es auch so schwierig mit Therapien, die erst ansetzen, wenn das Normalgewicht wieder erreicht ist. In der „Aufpäppelzeit" hat sich dann noch nichts im Kopf ändern können, weil bis dahin noch keinerlei Psychotherapie stattgefunden hat. Das ist für mich Verschwendung wertvoller Behandlungszeit.

Wenn ihr eine stationäre Behandlung in Betracht zieht, wählt eine Klinik, die auf Essstörungen spezialisiert ist. Der Weg zur Heilung ist dort um einiges kürzer als in allgemeinpsychiatrischen Krankenhäusern, weil in Spezialkliniken so viel gezielter auf die einzelne Erkrankung hin behandelt werden kann. Je älter die/der magersüchtige Jugendliche ist, desto eher findet sie/er in einer spezialisierten Fachklinik die optimale Behandlung.

Solange ein magersüchtiger Patient nicht wegen Organschäden im „normalen" Krankenhaus behandelt werden muss, sollte er/sie auf jeden Fall durch psychologische Therapien begleitet werden, auch bei Untergewicht. (Nina)

 Magersucht beginnt im Kopf und in der Psyche.

NINA: Immer wenn ich gefragt habe: „Was hast du denn?", hast du nur geantwortet, dass du dich irgendwie grippig fühlst.

Doch dann wurde es mit der Zeit immer schlimmer. Lara erinnert sich an den Einzug in ihre neue Wohnung im Frühjahr 2020. Sie empfand diesen als extrem anstrengend und wunderte sich über sich selbst. Weil sie sich sicher war, dass sie so eine Aktion normalerweise total leicht weggesteckt hätte.

LARA: Und ich konnte immer noch nicht sagen, was es war.

NINA: Ja, das war so komisch. Denn ich bin ja auch mit umgezogen und hab´ exakt dasselbe gemacht wie Lara. Ich bin am nächsten Morgen aufgewacht und hab´ über meinen Muskelkater gestöhnt, hab´ gejammert, dass ich müde sei und wie anstrengend der Vortag gewesen wäre ... Aber bei Lara war es anders, schlimmer – sie war irgendwie total ausgeknockt.

LARA: Ich konnte einfach nicht mehr. Daraufhin wurden superviele Untersuchen gemacht, eine Menge an Blutuntersuchungen ... auch weil ich selbst überzeugt war, dass da irgendwas Schlimmes dahinterstecken muss.

LARA KANN NICHT(S) MEHR

LARA: Richtung Frühsommer war's dann so schlimm, dass ich morgens nicht mehr aufstehen konnte. Eigentlich war mir schon das Umdrehen im Bett zu anstrengend.

NINA: Und man muss sich das vorstellen: Wir, die ganze Familie, wussten ja gar nicht, was los war. ... Ich bin dann täglich zu ihr hin und immer mehr wurde klar, Lara kann nicht mehr auf Instagram sein.

 Mir ging's monatelang nicht gut, aber ich konnte dieses Gefühl überhaupt nicht einordnen. (Lara)

Wir alle wussten nicht, was Lara hat. Und da die Ärzte bis dahin auch noch nichts Konkretes herausgefunden hatten, standen selbst die schlimmsten Krankheiten im Raum.

Die Ärzte hatten anhand der Blutwerte beispielsweise über ein verschlepptes Pfeiffersches Drüsenfieber nachgedacht, das das Immunsystem nachhaltig schwächt, erzählt Lara. Ansonsten gab es noch nichts Konkretes. Die beiden entschlossen sich, den Followern mitzuteilen, dass es „Lara sehr schlecht geht", damit die Leute verstünden, dass Lara momentan nicht auf dem Insta-Kanal präsent sein konnte. „Bis zu diesem Punkt haben wir die Follower noch mitgenommen", sagt Nina, „aber seither noch nicht weiter."

LARA: Fakt ist, die ganzen körperlichen Untersuchungen führten zu nichts, kein Arzt hatte etwas gefunden. – Bis dann irgendwann mein Hausarzt …

NINA: … ich hab's aber, glaube ich, auch immer wieder gesagt …

LARA: … irgendwann weisen die Ärzte, wenn sie nicht mehr weiterwissen, auf mögliche psychische Ursachen hin. So war das dann auch bei mir. Man ging von einer Erschöpfungsdepression aus. Und ich dachte mir nur: „Nee, nee, so einfach könnt ihr euch das jetzt nicht machen."

 Was ist das jetzt hier? Die berühmte Probe des Lebens? Ich war wütend, weil ich mich so hilflos fühlte. (Lara)

— ✳ —

Ich musste weinen, wenn ich Fotos gesehen habe, wie Nina und Lea im Pool spielten. Es machte mich so traurig, dass ich das nicht miterleben konnte ...

(Lara)

— ✳ —

#dastwinteam steht auf der Kippe

NINA: Für mich war das mit Laras Krankheit anfangs schwierig, weil ich dachte: „Wie kann denn ein Mensch, dem es körperlich so schlecht geht, eine Krankheit mit einer psychischen Ursache haben? Wie kann eine Seele so sehr belastet sein, dass sie den Körper ausknockt?"
Aber wir alle mussten genau dieser Tatsache dann relativ schnell ins Auge blicken. Und so stellte sich auch schnell die Frage, wie es nun mit dem Account weitergehen würde. Würde ich das auch allein schaffen können? …

LARA: … und ich, diejenige die in der Therapie steckte, fragte mich natürlich auch: „Woher kam das eigentlich? Was waren die Ursachen?" Irgendwann war ich an dem Punkt, dass ich dachte: „Vielleicht ist Instagram ja schuld." Dieses ständige Präsentsein, dieses permanente Ausgesetztsein der Kritik fremder Menschen. Diese dauerhafte 24:7-Arbeit – weil der Tag nach dem Aufstehen morgens um sechs Uhr damit beginnt, dass man E-Mail-Fragen von Followern beantwortet, dass man danach Storys dreht und die Arbeit erst dann endet, wenn man sich abends kurz vor Mitternacht schlafen legt.
Dazu kam aber auch noch, dass es an mir nagte, dass keiner diese viele Arbeit so richtig sah und damit auch schätzte. … Immer wieder diese Frage: „Arbeitest du eigentlich auch?" …

NINA: Wir haben dann letztendlich so eine Mini-Supervision eingeführt, die wir seitdem regelmäßig durchführen. Wir befragen uns gegenseitig: „Wie geht's dir, wie geht's mir? Was stört, was können wir besser machen? Was kann die eine der anderen Gutes tun, damit es ihr wieder besser geht? Braucht jemand eine Auszeit?"

LARA: Heute können wir sagen, das hat gut geklappt. Und es klappt immer noch gut!

NINA: ... allerdings hat uns da auch der Corona-Lockdown geholfen. Denn er brachte – trotz neuer Herausforderungen – auch Entschleunigung in unser Berufsleben, zum Beispiel weniger berufliche Reisen.

Es kam auf einmal so
ein Schatten über uns,
weil Lara überhaupt
nicht mehr konnte.

↓

VON DER ERSCHÖPFUNG ZUR ANGST

LARA: Ich fand diese Diagnose „Erschöpfungsdepression" total schwer zu akzeptieren, weil ICH immer noch der Meinung war, es müsste etwas Körperliches sein. Weil es nichts anderes sein DURFTE, weil ich davon überzeugt war, dass, wenn es eine Krankheit des Körpers ist, es ein Medikament dagegen geben würde. Und damit wäre ich dann gefühlt übermorgen wieder fit. Doch dann kam es noch schlimmer: Im weiteren Verlauf der Krankheit bekam ich extreme Angstzustände. Eine richtig krasse Angst, dass ich etwas habe, was keiner sieht. Ich dachte immer, es müsste etwas total Schlimmes sein – darum kreisten meine Gedanken 24 Stunden lang.

NINA: Man muss ja auch berücksichtigen, dir ging´s richtig schlecht. Du konntest dich kaum bewegen vor Erschöpfung.

LARA: Nicht viel später war diese zunächst krankheitsbezogene Angst dann zu einer – wie die Ärzte es bezeichnen – „generalisierten Angststörung" herangewachsen. Da bin ich beispielsweise aufgewacht mit einem rasenden Puls und einem übermächtigen Angstgefühl. Ich bin am ganzen Körper zitternd durch die Welt gegangen, meine Zähne haben aufeinandergeschlagen. Doch wenn mich jemand gefragt hat, wovor genau ich Angst hätte, konnte ich das nicht beantworten.

EINE SCHRECKLICH GUTE KLINIK

LARA: Und dann – im Juli – hab´ ich mir eine Klinik angesehen, die ich einfach nur schrecklich fand. Lauter Gestörte da ... 48 Stunden später entschied ich mich, dorthin zu gehen. Das war eine der besten Entscheidungen meines Lebens!

 Ich hatte einfach nur dieses schreckliche Angstgefühl. (Lara)

Es handelte sich dabei um eine Privatklinik, deren Größe überschaubar war, mit Patienten zwischen 20 und 70 Jahren. Lara war insgesamt acht Wochen dort. Doch natürlich ist es ihr dort nicht von heute auf morgen besser gegangen …

LARA: Die ersten Wochen in der Klinik war es für mich unvorstellbar, jemals wieder ein Leben wie vorher zu führen. Schon der Gedanke, ich müsste allein einkaufen gehen, war unerträglich – da hätte ich sofort anfangen können zu heulen. Ich kann das bis heute ganz, ganz schlecht erklären. Duschen zu gehen beispielsweise war für mich eine Tagesaufgabe. In dem Sinn, dass ich danach an diesem Tag nichts anderes mehr machen konnte, weil ich so fertig war. … Ich lag im Bett und hab´ mich so ein bisschen wie lebendig begraben gefühlt. Ich konnte nichts machen und wollte alles.

So ab der vierten, fünften Woche, erinnert sich Lara, sei es aber dann wirklich steil bergauf gegangen. Allein, sich mit den so unterschiedlichen anderen Patienten auszutauschen, hätte ihr ungemein geholfen.

DER BLICK ZURÜCK

LARA: Rückblickend muss ich sagen, diese Krankheit war die mit Abstand schlimmste Zeit in meinem Leben. Weil ich mir wirklich wochen-, monatelang sicher war, dass mein Leben vorbei ist, beziehungsweise, dass das mein Leben für die nächsten paar Jahre sein würde. Umso dankbarer bin ich für mein Leben heute. Und ich halte inzwischen in schönen Situationen oft bewusst inne, um mir zu sagen: „Boah, Lara, jetzt genieß es! Du hast noch vor Kurzem gedacht, sowas wird's für dich nie wieder geben. Freu dich einfach, dass du mit Lea gerade um die Wette rennst, du gerade voller Elan etwas planst – und sei es nur eine Corona-konforme Mini-Karnevals-Teily für Lea." Das sind alles Dinge, für die ich während meiner Krankheit weder die Kraft noch den Kopf gehabt hätte.

 Seitdem ich krank gewesen bin, schätze ich das Leben noch mal viel mehr. Seither weiß ich, wie wichtig es ist, mit sich selbst und seinem Lebensentwurf zufrieden zu sein. (Lara)

Wir haben nur
dieses eine Leben, und
wir sind selbst dafür
verantwortlich, dieses
glücklich zu führen.

Teil 6

FREMDE UND EIGENE KINDER

1. ENGAGEMENT MIT 100 % BEREITSCHAFT

Über mehrere Jahre hinweg standen Lara und Nina als Bereitschafts-pflegeeltern für das Jugendamt zur Verfügung. In dieser Zeit haben sie elf Babys bzw. Kleinkinder übergangsweise betreut. Doch was bedeutet Bereitschaftspflege überhaupt? Die Zwillinge klären mich auf:

LARA: Bereitschaftspflege ist eine Form der familiären Pflegschaft für Kinder in akuten Krisen- und Notsituationen. Es geht dabei darum, die betroffenen Kinder – sie können zwischen 0 und 6 Jahre alt sein – für eine begrenzte, aber vorab nicht absehbare Zeit möglichst schnell auf-zunehmen. Die Zeit der Pflegschaft dient dazu, dass – während sich das Kind in einer sicheren Situation befindet – geklärt werden kann, wie es langfristig weitergeht: ob das Kind zurück kann zu seiner Familie, ob es in Dauerpflege kommen soll oder auch in ein Heim.

Auf meine Frage hin, welche Rahmenbedingungen es für diese Pflege-tätigkeit gibt, lerne ich viel Neues: Auch wenn die Regelungen für die Be-reitschaftspflege im Detail von Stadt zu Stadt unterschiedlich sind – die Jugendämter sind schließlich Behörden der Landkreise bzw. der kreis-freien Städte –, gibt es einige grundsätzliche Voraussetzungen – z. B. da-für, wer in die Bereitschaftspflege einsteigen kann:
Bereitschaftspflegeeltern können Partner, aber theoretisch auch Allein-stehende werden. Letzteres ist in der Praxis schwierig, denn: Wer sich für die Bereitschaftspflege zur Verfügung stellt, kann de facto nicht be-rufstätig sein. Ob zu zweit in Lebensgemeinschaft/Lebenspartnerschaft oder allein: Wer in die Bereitschaftspflege einsteigen möchte, muss nachweisen, dass sie/er ihren/seinen Lebensunterhalt ohne eigene Be-rufstätigkeit bestreiten kann. Ein Single kann also nur dann als Bereit-schaftsmama oder -papa in Frage kommen, wenn sie/er durch Vermö-gen abgesichert ist.

 Die in der Bereitschaftspflege aufgenommen Kinder sollen so kurz wie möglich in der Pflegefamilie bleiben, aber so lange wie nötig.

NINA: Dass man keiner Erwerbstätigkeit nachgehen darf, war übrigens der Punkt, bei dem 80 % der Leute, die sich an dieser Pflege interessiert zeigten und mit uns darüber gesprochen haben, ausgestiegen sind. Mit dem Satz: „Ja, wenn das so ist, dann können wir es uns nicht leisten, Bereitschaftspflegeeltern zu werden."
Es ist natürlich eine hohe Hürde, diese Verpflichtung, dass man als Pflegeperson keinem Erwerb nachgehen darf. Aber andererseits ist es absolut richtig, denn diese Kinder brauchen wirklich eine 24/7-Betreuung.

LARA: Was auch oft gefragt wird, ob man denn Geld bekommt dafür. Ja, man bekommt eine Aufwandsentschädigung, ein sogenanntes Pflegetagegeld. Das unterscheidet sich von Stadt zu Stadt und ist so ausgelegt, dass man das Kind davon gut ernähren und mit allem Nötigen versorgen kann, dass man auch mal ein neues Bettchen kaufen kann, wenn es aus dem alten rausgewachsen ist …

NINA: … aber das Geld reicht nicht, um zum persönlichen Unterhalt der Pflegeeltern beizutragen. Dazu ist es auch nicht gedacht. Denn Pflegeelternschaft darf niemals als Einkommensquelle gesehen werden.

LARA: Es gibt noch weitere grundsätzliche Regelungen, die Jugendämter für Bereitschaftspflegeeltern aussprechen:
Eigene Kinder sind natürlich kein Ausschlusskriterium. Viele Jugendämter fordern jedoch, dass das aufzunehmende Kind das jüngste in der Familie ist und dass der Altersabstand zu den eigenen Kindern mindestens ein paar Jahre beträgt.
Oft wird ein bestehender eigener Kinderwunsch des Paares als Ausschlusskriterium angesehen. Das hat zweierlei Gründe: Erstens können Bereitschaftspflegekinder nur einen Tag bleiben oder auch viele Monate, das weiß man im Vorhinein nicht. Würde die Pflegemama während einer längeren Pflegezeit schwanger, könnte das Pflegekind dann leicht ins Hintertreffen geraten …

NINA: ... und zweitens könnte sich bei einem unerfüllten Wunsch nach einem eigenen Kind eine so starke Bindung zum Pflegekind entwickeln, dass die Trennung – etwa, wenn das Kind zu seinen Eltern zurückkehrt – zum psychischen Fiasko würde.

Und ich lerne zu diesem Thema noch mehr von Lara und Nina: Wer in der Bereitschaftspflege arbeiten möchte, benötigt ein eigenes Zimmer für das Pflegekind, in das es sich zurückziehen kann. Diese Regel entstand vor dem Hintergrund, dass viele Pflegekinder aus übergriffigen Verhältnissen kommen. Des Weiteren wird von den Pflegeeltern ein erweitertes Führungszeugnis sowie ein Gesundheitszeugnis gefordert, und man muss an einer Schulung teilgenommen haben, in der man eine Art „Bereitschaftspflege-Zeugnis" erwirbt.

DIE MOTIVATION FÜR DAS ENGAGEMENT

LARA: Ich hatte mich ja für ein Studium der sozialen Arbeit/Sozialpädagogik in den Niederlanden entschieden. Das war ein sogenannter dualer Studiengang. Ich hatte also eine Hochschule, an der ich die Theorie lernte und einen Arbeitgeber, bei dem ich zwei Tage die Woche praktisch arbeitete. Angefangen habe ich beim Pflegekind- und Adoptionsdienst. Da bin ich das allererste Mal überhaupt mit Pflege- und Bereitschaftspflegefamilien in Kontakt gekommen. Das fand ich mega spannend. Habe auch super schnell gemerkt, dass es viel mehr pflegebedürftige Kinder als Pflegeeltern gibt ...

NINA: Und ich weiß noch, wie Lara und ich das erste Mal darüber ins Gespräch gekommen sind. Da war Lea bestimmt schon drei Jahre alt. Wir haben irgendwann so die Parallele gezogen zwischen dem, wie Lea in die Welt starten konnte und wie es diese Pflegekinder auch haben sollten.

Nina muss zum Verständnis noch ein bisschen ausholen: „Bei Lea war es ja so, dass ihre Zukunft anfangs gar nicht so gewiss war, wir sie aber gerade deswegen mit Liebe noch und nöcher überschüttet haben – woraufhin dann wiederum die Ärzte, erstaunt über Leas Fortschritte und Entwicklung, uns bestätigt haben, dass das genau der richtige Weg gewesen wäre."

NINA: So kam also diese Idee auf, es mit dem „Heilmittel Liebe" auch bei Pflegekindern zu versuchen, bei Kindern, die mit einer schlimmen Vergangenheit zu uns kommen – psychisch oder physisch. Warum sollte das nicht auch bei fremden Kindern helfen?

Leas Geschichte war die Motivation für uns, zu sagen, dass wir es vielleicht auch mit „fremden" Kindern schaffen könnten, ihnen mit liebevoller Zuwendung in einem sicheren, geordneten Umfeld ein Stück weit über den Berg zu helfen. Wir haben noch so viel zu geben und so viel Platz in unseren Herzen.

SPONTANE ÜBERRASCHUNGSPAKETE

Ich frage die Zwillinge, wie es ist, in der Bereitschaftspflege zu arbeiten. Schließlich muss man sein eigenes Leben sicherlich etwas umkrempeln und jederzeit bereit sein, um ein völlig unbekanntes Kind von heute auf morgen bei sich aufzunehmen.

LARA: Am Anfang haben wir versucht, uns so ein bisschen auszustatten mit Baby- und Kleinkinder-Basics: also beispielsweise mit einem Gitterbett für die ganz Kleinen, einem wandelbaren Kinderwagen. Wir haben Windeln in verschiedenen Größen gekauft, ein paar Klamotten. Denn wenn ein Kind Hilfe braucht, dann muss alles tatsächlich ganz schnell gehen ...

Unsere Motivation für
die Bereitschaftspflege:

Wenn wir mit unserer
Liebe bei Leas Start ins
Leben so viel bewirken
konnten, können wir dann
nicht auch bei fremden
Kindern Ähnliches
erreichen?

NINA: Wir können ja ein Beispiel geben: Um 11:45 Uhr kommt ein Anruf vom Jugendamt: „Wir haben hier ein Kind, soundso alt. Könnt ihr euch vorstellen es aufzunehmen oder nicht?" Im besten Fall gibt es vorab auch noch ein paar Infos zu den genaueren Umständen und Verhältnissen, aus denen das Kind kommt. Und dann hast du maximal 10 Minuten Zeit, dir das zu überlegen. Wenn du „Ja" sagst, klingelt keine Stunde später das Jugendamt an der Tür, und das Kind ist da!

LARA: Das ist die eigentliche Herausforderung! Weil du von jetzt auf gleich deinen kompletten Alltag umstellen musst. Alles umschmeißen musst, was du für die nächsten Tage geplant hattest. Denn jetzt ist dieses Kind da, und das geht erst mal vor. Und dieses Kind kommt natürlich aus einer sehr unschönen Situation ...

Ein Pflegekind läuft nicht „nebenher". Unsere Familie ist sein neuer Lebensmittelpunkt auf Zeit. Und unser Lebensmittelpunkt ist – solange es bei uns wohnt – das Pflegekind, wonach wir unseren kompletten Alltag ausrichten.

NINA: Deswegen kann man davon ausgehen, dass das Kind in den Klamotten kommt, die es vor der Abholung getragen hat, dass die Babyschale, in der es transportiert wird, vom Jugendamt geliehen ist und natürlich wieder mit zurückgenommen wird. Und dann hast du dieses Kind bei dir, mit 'nem Paar Socken, 'nem Body und, wenn's gut läuft, einem Mützchen auf.

Lara erzählt, dass alle Kinder, die sie gepflegt haben, irgendwie verhaltensauffällig gewesen wären. Nicht selten auch mit Zeichen von Verwahrlosung, von Mangel- oder Fehlernährung. Und sie beschreibt solche beunruhigenden Situationen sehr liebevoll: „Du bekommst eine Art Überraschungspaket. Und erst in den nächsten Tagen wird sich herausstellen, was du da eigentlich für ein Kind hast."

LARA: Wenn das Kind dann da ist, gibt es unendlich viele Termine: mit Mitarbeitern vom Jugendamt, manchmal auch mit einem Vormund, man hat den Kinderarzt, dem man das Kind regelmäßig vorstellen muss. Die meisten Kinder, die wir hatten, bekamen Physio- oder Ergotherapie ... Das muss man dann alles managen. Dazu kommt, dass in der Regel die Kinder wöchentlich Besuchskontakte zu ihren Eltern haben. Auch das muss man in der Zeitplanung berücksichtigen.

NINA: Viele Follower sind der Meinung, dass sie eine Bereitschaftspflege schaffen würden, weil sie ja „nur 6 Stunden am Tag arbeiten". Glaubt uns, man bekommt es nicht geschafft! Es gibt pro Woche im Schnitt vier Termine, plus die Telefonate, plus das Kind, das meistens verhaltensauffällig ist und damit sehr viel Aufmerksamkeit und Zuwendung braucht.

Wir hatten bisher elf Pflegekinder. Keines dieser Kinder hat nachts mehr als eine Stunde am Stück geschlafen. Keines hat tagsüber normale Schlafpausen gemacht. Man darf nicht vergessen: Es sind alles Kinder mit einer bestimmten Vergangenheit. Es gibt immer einen Grund, warum Kinder aus ihren Familien genommen werden. Wir hatten Babys, die bereits im Mutterleib drogenabhängig gemacht wurden und daher nach der Geburt unter Entzugserscheinungen litten und auch Folgeschäden hatten. Wir hatten Kinder, die aufgrund einer massiven Gewalterfahrung aus der Familie geholt werden mussten. Das alles muss man versuchen aufzufangen.

 Die allermeisten Kinder, die bei uns waren, kamen ohne gültige Krankenversicherung, weshalb wir uns dann erst mal darum kümmern mussten, dass das Kind bei Ärzten überhaupt vorgestellt werden konnte.

DIE EMOTIONALE SEITE DER BEREITSCHAFTSPFLEGE

LARA: Bevor man sich dazu entschließt, muss man sich sehr intensiv mit dem Thema beschäftigen. Man muss sich einfach bewusst sein, dass man Kinder aufnimmt, die einen sehr unschönen Hintergrund haben.

NINA: Um es anders auszudrücken: Jeder sollte gut prüfen, was hinter der Idee steht, Bereitschaftspflegeeltern zu werden. Der Wunsch: „Ach, ich hätte gerne noch mal ein kleines Kind, aber irgendwie kein eigenes mehr, ich hab´ Zeit, mich zu kümmern ...“, während man dabei sehnsüchtig an die Zeit zurückdenkt, in der die eigenen Kinder Babys und Kleinkinder waren, ist NICHT, warum man sich für die „Bereitschaftspflege“ entscheiden sollte.

LARA: Ganz viele, mit denen wir über dieses Thema sprechen und die das an sich toll finden, sagen dass sie sich das dennoch nicht für sich vorstellen können: Erstens würden sie das Leid nicht aushalten, das die Kinder erlebt haben, und zweitens würde es ihnen zu sehr das Herz brechen, die Kinder wieder ziehen zu lassen – denn es gibt ja nicht immer in Happy End.

NINA: Am Ende der Pflegezeit steht immer eine Entscheidung des Amts, wo die Kinder weiterhin bleiben werden. Leider war es bei unseren Kindern im seltensten Fall eine, mit der wir d'accord gegangen sind. Denn der theoretische Fall, dass eine alleinerziehende Mutter schwer erkrankt ist, keine Familie hinter sich hat und nur deshalb ihr Kind in die Bereitschaftspflege geben muss – das Kind also, wenn die Mutter wieder gesund ist, zu ihr in eine glückliche Beziehung zurückkehrt –, ist wohl der allerseltenste. Wir selbst haben einen solchen Fall nicht erlebt.

LARA: Was dagegen bei „unseren“ Kindern oft der Fall war, ist dass sie in die Herkunftsfamilien zurückkommen, obwohl eigentlich offensichtlich ist, dass das nicht dem Kindeswohl entspricht. Schlichtweg, weil den Eltern nichts Konkretes vorgeworfen werden konnte. Und natürlich gibt man dann das Kind nur schweren Herzens ab.

NINA: Anfangs haben wir noch nachgefragt in den Familien, wie es dem Kind geht. Und dann mussten wir allzu oft erfahren, dass das Kind in die nächste Bereitschaftspflege gebracht worden war. Irgendwann hat uns das so fertig gemacht, dass wir einen anderen Weg finden mussten …

LARA: Wir haben beschlossen, dass wir uns einfach nur auf die Zeit konzentrieren, in der die Kinder bei uns sind. Dass wir da einfach alles tun, damit es ihnen an nichts fehlt, dass sie alles kriegen, was sie brauchen …

Wir müssen, wenn wir diesen Job weitermachen wollen, mit den Kindern im Hier und Jetzt leben und uns damit abfinden, dass wir nur eine Station sind.

Nina drückt es mit ihren Worten aus: „Wir müssen es schaffen, den Kindern mit unserer Liebe so viele Wurzeln zu geben, dass sie sich auch danach noch daran festhalten können." Viele Leute hätten dazu gesagt, dass sie das nur als einen Tropfen auf den heißen Stein empfinden würden. Denn wer könne schon wissen, was danach mit den Kindern geschehen würde. Nina und Lara sind sich einig, dass man das so nicht sehen darf: Liebe könnte nie nur ein „Tropfen auf dem heißen Stein" sein.

LARA: Wir haben immer gesagt, dass wir versuchen, während das Kind bei uns ist, dessen Rucksack so voll mit Liebe zu füllen, wie es nur geht. Damit es dann, wenn es wieder auszieht, möglichst lange davon zehren kann, eine Art „Liebesproviant" hat. Das hat uns bei der Entscheidung geholfen weiterzumachen – auch nach wirklich blöden Erfahrungen.

Wir haben für jedes unserer Pflegekinder eine kleine Kiste mit ein paar wenigen Erinnerungen angelegt, die sind im Schrank aufbewahrt und bleiben verschlossen – für immer. Anders kann man das nicht ertragen.

LARA: Aber diese Kinder geben einem auch so viel ... Wir hatten ein Kind, das kam zu uns, vier Tage alt, und hat dann erst mal einen heftigen, qualvollen Entzug durchgemacht. Das bedeutete für uns, sechs Wochen lang 24 Stunden durchgehend ein schreiendes Kind zu pflegen. Dieses Kind hat sich für seine Umstände super entwickelt und irgendwann sogar gelacht. Da hat man schon genauso viel Freude daran, wie wenn es das eigene Kind wäre ...

NINA: Aber es tut gleichzeitig weh. Wenn Lea mich angelächelt hat, dann wusste ich immer, wir werden noch so viele weitere glückliche Momente miteinander haben. Und wenn dich so ein Pflegekind anlächelt, dann hast du immer das Gefühl ...

LARA: ... oh Gott, wie lange werden wir dich noch bei uns haben und dürfen solche Situationen gemeinsam erleben ...?

Trotz allem: Wir haben diese Zeit wirklich genossen! Auch, weil wir gemerkt haben, dass wir diesen Kindern etwas mitgeben können. Und wir können uns das für die Zukunft auf jeden Fall wieder vorstellen.

 „Liebes Kind, wie schön, dass du lächelst. Bitte saug unser Zurücklächeln auf, weil es sein kann, dass du die nächsten Jahre vielleicht keinen Grund mehr haben wirst zu lächeln." – Dieser Gedanke, der mir oft kam, ist jedes Mal ein Stich ins Herz gewesen. (Nina)

2. SCHWANGERSCHAFT ERLEBEN

NINAS SCHWANGERSCHAFT

NINA: Lara war die erste, die davon erfahren hat. Und sie sagte einfach: „Okay, dann ist das halt so." Wir haben uns dann auch relativ schnell – beide – sehr, sehr gefreut. Der Vater des Kindes hat sich, direkt als die Schwangerschaft bekannt wurde, dagegen entschieden, für mich und das gemeinsame Kind da zu sein, und ist seither nicht mehr Teil unseres Lebens. Doch mit Lara hatte ich auf jeden Fall eine mega gute Partnerin an meiner Seite, die mich durch alle Zustände (ja!) und Termine, die so eine Schwangerschaft mit sich bringt, begleitet hat.

LARA: Wir haben alle Vorsorgetermine gemeinsam wahrgenommen, haben auch den Geburtsvorbereitungskurs zusammen gemacht, und der war richtig cool. Aber es gab auch ganz uncoole Phasen: Eine Zeitlang war Nina richtig anstrengend. Sie hat immer Sachen gerochen, die es in meiner Nase nicht gab.

NINA: Stimmt, ein Problem beispielsweise war – ich hab´ ja noch bei meiner Mutter gewohnt –, als sie eine neue Küche bekam. Ich empfand den Geruch der fabrikneuen Oberflächen so intensiv, dass ich in dieser neuen Küche nicht essen konnte.

LARA: Das hat mich wirklich angenervt.

Dann erzählen die beiden von dem Tag, an dem die Ärztin beim Ultraschall das Geheimnis, ob Junge oder Mädchen, nach und nach lüftete. Trotz der vielen Ansichten, die die Ärztin auf dem Monitor zeigte und dabei eindeutige Hinweise gab, stand Nina komplett auf der Leitung – während Lara schon längst kapiert hatte: Es ist ein Mädchen! Die beiden müssen heute noch darüber lachen.

≡♡≡

Eine Frage, die super
viele Leute stellen:

„Hat Lara deine
Schwangerschaft
begleitet wie ein Papa?"

Hä, nein, sie war dabei –
als tolle Schwester
und Tante!

NINA: Auf dem Weg nach Hause hörten wir dann ein Lied im Auto, das damals rauf und runter gespielt wurde. Und das ist bis heute Leas Lied! Aber noch gab es „Lea" nicht, noch gab es keinen Namen für das Mädchen. Es war nur aus „dem Baby" „die Kleine" geworden.

LARA: Im weiteren Verlauf von Ninas Schwangerschaft haben wir alles gemeinsam ausgesucht, Klamotten, Farben fürs Kinderzimmer, den Kinderwagen ... Ich hab´ für Leas Zimmer ihren Namen in Form von großen Pappbuchstaben selbst gestaltet, in Serviettentechnik. Die wandern seither immer mit Lea mit, bei jedem Umzug in eine neue Wohnung, in ein anderes Zimmer.

NINAS STATEMENT ZU DEN VERGLEICHEN ZWISCHEN LARA UND EINEM VATER

Wenn ich mir noch eines wünschen dürfte: Ich wäre so froh, wenn diese Fragerei nach der vermeintlichen „Papa-Rolle" von Lara endlich aufhören würde. Denn das kann man nicht vergleichen, und das muss man auch gar nicht vergleichen.

NINA: Am Anfang der Schwangerschaft war alles fein, mir ging's gut, dem Kind ging's gut ... Allerdings so etwa ab der 20. Woche wurde deutlich, dass mein Kind im Bauch zu langsam wuchs. Die Frauenärztin hielt diese fachsprachlich als „Wachstumsretardierung" bezeichnete Beobachtung für völlig normal ...

LARA: ... und weil die Ärztin so entspannt war, waren wir auch entspannt.

NINA: Als ich dann rechnerisch in der 30. Schwangerschaftswoche war, mein Kind aber erst die Maße eines Kindes in der 22. Woche hatte,

 Ich hab´ mit meinem Bauch gesprochen und alle Namen, die uns so durch den Kopf gingen durchprobiert. Auch wie sich anhören, wenn man sie ruft! (Nina)

fand das meine Mutter zwar etwas beunruhigend, aber auch sie vertraute der modernen Medizin.

In der 33. Schwangerschaftswoche war Nina wieder in der Klinik zu einem regulären Ultraschall. Doch dieses Mal lief es anders. Zunächst holte der Assistenzarzt den Oberarzt, und schließlich holte der Oberarzt den Chefarzt. – „Ab dem Punkt war uns klar, dass es ein ernstes Problem gibt", sagt Nina. Der Entwicklungsstand ihres Kindes hätte zu dem Zeitpunkt dem eines Kindes in der 24. Woche entsprochen. Die Ärzte waren sich einig: Dem Kind geht es schlecht.

NINA: Ab diesem Moment gingen die Spekulationen los, was das Kind haben könnte. Denn vordergründig war alles gut, mir ging es gut, die Plazenta arbeitete gut, die Organe des Kindes ebenfalls. Doch das Kind musste ja auf irgendeine Weise schwer krank sein, sonst wäre es nicht zu dieser starken Entwicklungsverzögerung gekommen. Es folgte ein Krankenhausaufenthalt, bei dem mein Kind gefühlt fünfmal am Tag gemessen wurde …

LARA: … mit durchaus auch fünf unterschiedlichen Messergebnissen …

NINA: Und immer hieß es: „Also, wenn das Kind morgen abgenommen hat, dann müssen wir es holen." – Der reinste Nervenkrieg.

Fünf Leute, die messen, bekommen fünf unterschiedliche Ergebnisse. Das einzige, was klar war: Das Kind im Bauch ist unterversorgt. – Ich war komplett durch den Wind. Zum Glück hatte ich eine ganz, ganz tolle Hebamme. An dieser Stelle, liebe Mona, nochmals ein herzliches Dankeschön für deine Gelassenheit und dein Gespür, mich da runterzuholen. (Nina)

NINA: Eine neue Klinik, neue Untersuchungen. Danach hieß es, wir müssten mit einer schwerwiegenden gesundheitlichen Komplikation rechnen. Und damit standen diese beiden Optionen im Raum: Wir holen das Kind, um möglichst frühzeitig sehen zu können, was es hat und ihm schnell helfen zu können.

Oder wir lassen das Kind, solange es nicht abnimmt oder sich andere Werte verschlechtern, im Bauch, geben allen Organen die Chance, weiter zu reifen – egal was es hat.

Sie hätten das Kind eher holen können, diese Option wäre aber nur für uns Erwachsene von Vorteil gewesen: um eher zu wissen, was genau mit Lea los ist. (Lara)

LEAS GEBURT

NINA: In der 35. Schwangerschaftswoche wog Lea in meinem Bauch erst um die 1700 Gramm, sie ist von da an auch kein bisschen mehr gewachsen. Ich bin jeden Tag zur Kontrolle ins Krankenhaus. Alles war okay. Dann kam ein Tag, an dem wir noch shoppen gehen wollten, weshalb wir direkt morgens zur Kontrolle ins Krankenhaus gefahren sind.

LARA: Sie haben festgestellt, dass irgendetwas mit dem Fruchtwasser nicht in Ordnung war, aber wir konnten selbst entscheiden, ob wir erst nach oben zum CTG gehen oder noch Klamotten von zuhause holen wollten. Wir haben uns entschieden, erst das CTG zu machen.

NINA: Und das war letztendlich unsere Rettung … Denn noch im Aufzug setzten extrem starke Wehen ein. So wie Presswehen, ohne Pausen dazwischen. Wir sind zurück in den Kreißsaal. Dort waren sie zuerst erfreut, dass sie die Geburt nicht künstlich einleiten mussten. Sie haben mich beruhigt, weil nicht selten gerade bei zarteren Frauen eine Geburt oft mit einem Wehensturm einsetzt, und mich erst einmal in die Badewanne verfrachtet. Im Wasser, wo das Kind ja nicht über CTG überwacht werden kann, bekam ich dann ein richtig ungutes Gefühl,

Bloß raus aus dem Klinikwahnsinn – auf eigene Gefahr!

NINA: Und da gab's dann diesen Tag, ich war bestimmt schon zwei Wochen im Krankenhaus, und alle haben immer nur rumgemutmaßt. Mich hat das irgendwann krank gemacht. Ich wollte einfach nur nach Hause, hab ihnen versprochen, dass ich auch jeden Tag zum CTG* kommen würde. Und die Ärzte sagten: „Wir überlassen Ihnen die Entscheidung: Was sagt Ihr Bauchgefühl? Glauben Sie, Ihrem Kind geht es gut? Oder möchten Sie lieber, dass wir es noch heute holen?"

Nina sagt, dass sie diese Aussage den Ärzten bis heute noch sehr ankreidet. Weil sie die Verantwortung „aus dem Bauch heraus" übernehmen musste für eine so medizinische Entscheidung. Lara verdeutlicht das noch: „… als ob man Nina damit die gesamte Verantwortung für das, was auch immer passieren würde, aufbürden würde. Nach dem Motto: „Sie haben ja die Entscheidung getroffen."

NINA: Wir haben uns angeguckt, und ich habe zu Lara gesagt: „Mir geht's gut, ich spüre mein Kind, es bewegt sich. Lassen wir ihr doch noch Zeit, zu reifen."

*CTG, die Kardiotokografie, ist ein Verfahren zur Registrierung und Aufzeichnung der Herzschlagfrequenz des ungeborenen Kindes und der Wehentätigkeit.

sodass ich mehrfach zu Lara gesagt habe: „Hol die, da stimmt was nicht!"

Hätten wir uns entschieden, zuerst nach Hause zu fahren, wär's das gewesen.

LARA: Im Schwesternzimmer hat man versucht mich zu beruhigen …

NINA: … die haben wahrscheinlich gedacht, „junge Frau, erstgebärend, da ist man halt aufgeregt und verunsichert, weiß eben nicht, wie sich Wehen anfühlen."

Die Mutter von Lara und Nina kam sehr bald von der Arbeit ins Krankenhaus – und beide Schwestern sind sich heute noch der skurrilen Situation bewusst: Die Mama saß am Fuß der Badewanne, vertilgte seelenruhig ein Leberwurstbrot und fragte Lara noch, ob sie nicht auch etwas essen wollte. „Aber, Mama, Nina steckt voll in den Wehen!" Lara war total entsetzt, aber die Mutter meinte nur: „Das ist nur die Wehenöffnung. Es ist jetzt wichtig, dass wir alle bei Kräften bleiben." Wir recht sie im Nachhinein hatte!

NINA: Ich weiß noch, dass ich dann irgendwann aus der Badewanne raus bin und einfach durch den Kreißsaal gelaufen bin und rief: „Irgendwas stimmt mit meinem Baby nicht."
Dann weiß ich nur noch, dass sie mich auf eine Liege gelegt haben und diese tolle Hebamme kam, der ich unser Leben zu verdanken habe. Sie hat festgestellt, dass der Muttermund noch komplett geschlossen war – was überhaupt nicht zu dem vermuteten Wehensturm passte. Daraufhin hatte ich eine Art Krampfanfall. Und die Hebamme hat dann eins und eins zusammengezählt und verstanden, dass es sich um eine Ablösung der Plazenta handelte, die mit hohem Blutverlust einhergeht, was wiederum meinen Schockzustand ausgelöst hatte.

Man hat mich auf den OP-Tisch gelegt und sofort eine Vollnarkose eingeleitet. Das Letzte, was ich hörte, waren die Worte „Baby tot", und ich weinte, habe immer nur geschrien: „Mein Baby stirbt, mein Baby stirbt!" Und dann kam die Ärztin zu mir und hat nur gesagt: „So schnell lassen wir hier kein Baby sterben."

LARA: Meine Mutter und ich waren zu der Zeit von Ninas Krampfanfall auch noch im Kreißsaal. Da haben die auf diesen roten Buzzer gedrückt, es gingen gefühlt 100 Türen auf, und es kamen zig Menschen herein. Nina wurde in den OP gebracht und meine Mutter und ich in ein CTG-Zimmer. Ich hörte, wie eine Schwester am Telefon einen Arzt in einen bestimmten OP rief und sagte: „Ob Mutter oder Kind es schaffen, ist fraglich, beeil dich bitte."
Doch schon bald kam eine Schwester zu uns, um uns zu sagen, dass das Kind nun auf der Welt wäre – und gesund sei. Wir haben uns natürlich mega gefreut! Waren super erleichtert!

Keine drei Minuten nach der guten Nachricht von einem gesunden Neugeborenen, so erzählt Lara weiter, sei dann der Kinderarzt zu ihnen gekommen ... Und sein Gesicht hätte alles andere als glücklich ausgesehen. Er: „Die Schwester war schon bei Ihnen ...?" Lara: „Ja, wir sind voll happy, die Kleine ist gesund." Er: „Nun, das wird die Zeit erst zeigen ..." Die nächsten 48 Stunden seien für Lea überlebensentscheidend ...

LARA: Er hat uns dann auch noch detaillierter berichtet, was eigentlich geschehen war: Wir erfuhren, dass Lea fast erstickt zur Welt gekommen war – die Ärzte nennen einen solchen Zustand „weiße Asphyxie", weil diese Babys so leichenblass sind. Und die Überlebenschancen dieser Kinder sind nicht hoch ... Wir konnten Lea noch kurz sehen, aber dann wurde sie weggebracht, weil sie dringend Behandlung benötigte.

 Das Letzte, was ich hörte, war: „Baby tot".
Ich hatte solche Angst, dass mein Baby stirbt.

Dann begann die Zeit, die ich als noch viel schlimmer in Erinnerung habe als Ninas Wehen-Zusammenbruch und die Wartezeit während der Entbindung: Denn wir hatten immer noch keine Information, was mit Nina war. Erst hieß es, sie sei noch im OP. 20 Minuten später war sie immer noch im OP, was sich – und uns – aber keiner erklären konnte. Nach einer Stunde gab es immer noch keine Nina im Aufwachraum, sie musste also immer noch im OP sein. Es war echt schrecklich! ... Da sagte ich zu meiner Mutter: „Ich möchte das Kind nicht haben, wenn Nina jetzt stirbt." Im Nachhinein völliger Schwachsinn, aber in dem Moment hatte ich tatsächlich eine riesengroße Wut auf das Baby, das mir vielleicht meine Schwester genommen hatte ...

LARA: Doch dann endlich konnten wir zu Nina. Ich fragte die Ärzte, bevor wir hineingingen, ob sie meine Schwester über Leas Zustand informiert hätten. Sie bejahten und sagten, dass Nina es gut aufgenommen hätte. Doch die erste Frage von Nina war: „Und, ist sie gesund?"

Tatsächlich musste man Nina, so erzählt sie selbst weiter, mehrmals über Leas Zustand informieren, bis es zu ihr durchdrang. Die sehr liebevolle Aufklärung durch Lara im Aufwachraum jedenfalls war nicht bis in ihr Bewusstsein vorgedrungen. „Weil ich noch in einer Art Schockstarre war und noch nichts verstehen KONNTE."

NINA: Dann hat Lara mir das alles noch mal erzählt, und ich konnte es immer noch nicht abspeichern. Dann kam mein Papa. Er war total traurig, und ich verstand nicht warum. Dann hat meine Mutter meinem Papa an meinem Bett erneut alles erzählt – und für mich war die Geschichte wieder neu ... Immer und immer wieder hatte ich es vergessen.

„You never know how strong you are until being strong is the only choice you have."

Ein Satz von Bob Marley, der mich und Nina — und wohl auch Lea — durch die schwere Zeit begleitet hat.

DIE ERSTE ZEIT MIT LEA

NINA: Ich habe erst eine Weile später verstanden, was eigentlich genau passiert war: Indem sich die Plazenta von meiner Gebärmutterwand löste, bekam ich eine extrem stark blutende innere Wunde. Gleichzeitig wurde der Kreislauf des Babys komplett unterbrochen, es bekam kein Blut und damit auch keinen Sauerstoff aus meinem Körper. Was Lea in meinem Bauch durchlebte, war ein Todeskampf. Sie drohte, im Mutterleib elendig zu ersticken ...
Deshalb waren die nächsten 24 bis 48 Stunden ebenso wichtig: um zu gucken, ob sich das Kind von dieser Sauerstoffunterversorgung erholt.

LARA: Um Lea zu retten, leiteten die Ärzte eine Kältetherapie ein ...

Ich recherchiere und lerne, dass die Kältetherapie eine Standardversorgung bei sauerstoffunterversorgten Neugeborenen ist. Dazu wird der gesamte winzige Körper für 72 Stunden auf 33,5 Grad Celsius abgekühlt. Das bewirkt eine starke Verlangsamung des Stoffwechsels und soll dem kleinen Organismus helfen, die Folgen einer Sauerstoffunterversorgung zu überwinden.

LARA: Das war für uns, aber vor allem für Lea sehr schlimm: Sie bekam hohe Mengen an Morphium, damit sie die Kälte nicht so spürte, davon hat sie wiederum Krampfanfälle bekommen. Wir durften sie nicht anfassen, weil wir natürlich zu warm waren.

NINA: Ich als Mutter hatte bis dato mit meinem Kind nach der Geburt keinen einzigen Körperkontakt gehabt, hatte mein Kind noch kein einziges Mal berührt, und das war nun immer noch nicht möglich. Das empfand ich als ganz, ganz schlimm. Umso mehr, als ich sowieso noch gar keine richtige emotionale Verbindung zu meinem Baby gefunden hatte.

 Sie hat da oben nur kurz „Hallo" gesagt und sich dann doch für den harten Weg zurück auf diese Erde entschieden.

WO VERDAMMT IST SIE, DIESE VIELBESCHWORENE MUTTERLIEBE?

Ich verspürte die ersten Tage überhaupt keine Verbindung zu Lea. Sie wurde aus mir rausgeschnitten, während ich in Vollnarkose lag. Und sie lag dann da, mit dem Schild an ihrem Bettchen: „Lea, weiblich, Säugling".
Ich wurde zu diesem Baby gefahren, und alle erwarteten, dass ich vor Rührung weine. Doch ich konnte überhaupt kein Glück empfinden, ich merkte, dass ich nicht spürte, was ich eigentlich spüren sollte. Das hat mich so fertiggemacht.

Leute, hört auf, zu erwarten, dass sich eine Mutter über ihr Neugeborenes „automatisch" ekstatisch freut. Gerade wenn eine Geburt so dramatisch läuft wie meine, dann kann es diese überbordende Mutterliebe gar nicht vom ersten Moment an geben. Ich beispielsweise war so super enttäuscht von mir, dass mir das Erlebnis der Geburt geraubt worden war ... Ich brauchte wirklich zwei, drei Wochen, bis ich das Gefühl hatte: „Okay, das ist MEIN geliebtes Baby."

LARA: Was die nächsten Monate folgte, war ein Hin und Her zwischen Krankenhaus und Zuhause. Lea musste immer wieder stationär aufgenommen werden.

NINA: Da ging es immer ums Trinken. Das war total schwierig. Wir mussten ständig zwischen Sonde und Nicht-Sonde wechseln. Mal konnte sie selbst trinken, dann wieder nicht so gut ... Wir lernten sogar, die Sonde selbst zu legen.

Das erste Mal,
dass ich für Lea tiefe
Muttergefühle empfand,
war als ich sie einmal auf
der Frühchenstation
besuchte und sie pünktlich
gegen 19 Uhr ihren 19-Uhr-
Schluckauf bekam,
genau wie vorher so oft bei
mir im Bauch. Da war's dann
um mich geschehen:

Es ist meins!

Diese super schwierige Zeit der ersten Monate mit Lea war auch nochmals eine „Wiedergeburt" von Lara und mir als Zwillingsschwestern. Natürlich hatten wir schon während der ganzen Schwangerschaft ein sehr enges Verhältnis gehabt, weil ja klar war, wir werden dieses Kind gemeinsam großziehen. Aber als sich dann herausstellte, dass Lea ganz besondere Unterstützung brauchte, um auf einen guten Weg zu kommen, hat uns das noch mehr zusammengeschweißt.

NINA: Ich hab´ zu meiner Mama immer wieder gesagt: „Ich kann das nicht, ich kann das nicht!" Und meine Mutter hat immer gesagt: „Schatz, du kannst das!"

LARA: Man weiß erst, was man leisten kann, wenn man keine andere Wahl hat. Wenn man dem Kind das hundertste Mal den Zugang legen muss und es – wie auch immer – wieder einmal geschafft hat.

Letztendlich dauerte die intensive Zeit mit Lea, in der diese ihre frühkindlichen Traumata verarbeiten musste, bis sie etwa zweieinhalb Jahre alt war. Ab da kehrte Ruhe ein, sie konnte gut essen, wurde ausgeglichener. Nina bezeichnet die Zeit bis dahin als eine, in der sie extrem gereift sei. Sie würde seither mit einer ganz anderen Ehrfurcht auf das Leben schauen.

 Hätten wir das vorher gewusst, wir hätten niemals gedacht, dass wir da heil durchkommen.

LARAS WEG ZUM EIGENEN KIND

Seit etwa einem dreiviertel Jahr geht Lara den Weg, mittels künstlicher Befruchtung schwanger zu werden. Ich frage sie, wann bei ihr eigentlich der Gedanke an ein eigenes Kind aufkam – und sie muss erst einmal nachdenken … Dann holt sie tief Luft und greift einige Jahre zurück.

LARA: Also … Nachdem Lea geboren war, vor inzwischen rund sieben Jahren, hab' ich mir jahrelang überhaupt keine Gedanken gemacht über eigene Kinder. Lea hat so viel Zeit, Aufmerksamkeit und Liebe benötigt. Doch dann – während ich sie größer werden sah – kam irgendwann schon auch der Gedanke auf: Ach, so ein eigenes Kind wäre toll. Verstärkt wurde dieser Wunsch vielleicht auch durch die Zeit der Bereitschaftspflege, in der wir elf Kindern ein Zuhause auf Zeit gegeben haben: Immer wieder mussten wir Kinder verabschieden, die wir ein Stück weit begleitet hatten, doch wir konnten nie ihren ganzen Lebensweg mit- oder weiterverfolgen.
Auch wenn ich total gerne Bereitschaftspflegemutter war – und es vielleicht auch wieder sein werde –, hatte ich mehr und mehr das Gefühl, dass ich die Meilensteine des Aufwachsens nur mit meinem eigenen Kind erleben kann.

NINA: Richtig bewusst wurde uns das, als bei Lea einige der großen Meilensteine anstanden: Anfang der Kindergartenzeit, Vorschulzeit, Schulanfang …

LARA: Da hab´ ich dann so richtig gemerkt, dass mir das fehlt. Da begann der Wunsch nach einem eigenen Kind zu wachsen.
Allerdings hatte ich zu diesem Zeitpunkt und habe auch jetzt keinen Partner an meiner Seite. Und ich bin auch keine Frau, die zwanghaft einen Partner sucht, nur damit der dann die Vaterrolle übernehmen kann, quasi „als Mittel zum Zweck". Das lehne ich total ab. Aber das Thema hat mich weiterhin beschäftigt.

Ich fragte mich selbst: Warum erfüllst du dir den Wunsch nicht? Etwa weil die Gesellschaft andere Ideen dazu hat, z. B. dass man erst seinen Partner kennenlernt, dann heiratet, dann Kinder bekommt? Mein Fazit war: Die Gesellschaft darf mir nicht vorschreiben, wann und wie ich mein Kind bekomme, ob und wie ich glücklich bin. (Lara)

NINA: Und dann haben wir immer öfter ganz offen über das Thema künstliche Befruchtung diskutiert. Und du hast dich eigentlich schon mehr oder weniger für diesen Weg entschieden …

LARA: Ja, genau. Und dann wurde es konkreter: Wir informierten uns, wo so etwas möglich ist. Wir haben überlegt, was wir noch alles über künstliche Befruchtung wissen müssen. Und je mehr Informationen wir hatten, je mehr wir darüber nachdachten und diskutierten, desto realer wurde es.

NINA: Was noch dazukam: Immer mehr unserer Bekannten und Freunde wollten sich trennen. Leute, von denen wir dachten: „Die haben nach geltenden gesellschaftlichen Regeln alles ‚richtig' gemacht", haben geheiratet, nach ein, zwei Jahren ein Kind bekommen … Innerhalb eines Dreivierteljahres hatten wir eine Handvoll Paare, die sich auf einmal scheiden lassen wollten, mit Kindern, die nicht älter als zwei waren. Mit so Begründungen wie: „Das ist nicht der/die Richtige.", „Ich möchte mich noch mal neu verlieben", „Ich will das gar nicht so haben, wie es jetzt ist" …

Wenn man alles so macht, wie die Gesellschaft es für normal befindet, ist das noch lange keine Garantie dafür, dass es für immer hält und dass alle damit glücklich sind.

LARA: Was für mich im Rückschluss bedeutet, dass wenn ich ein Kind mit meinem Mann bekomme, dann habe ich ja trotzdem null Garantie, dass dieser Mann für immer an meiner Seite bleibt und an der Seite unseres gemeinsamen Kindes.

Ich kann Laras Bedenken gut nachvollziehen. Besonders vor dem Hintergrund von Ninas Geschichte. Und dann wirft Nina noch den Einwand in die Runde, was denn all die Frauen machen würden, die gar nicht so der Typ für eine lebenslange Partnerschaft wären, sich aber ein Kind wünschten. Sie überlegt, wie viele der Frauen, die sich nach ein paar Jahren scheiden lassen, vielleicht genau diese Einstellung haben ...
Wir kehren zu Laras Wunsch nach einem eigenen Kind zurück.

LARA: Ich wusste und weiß, dass ich nicht allein bin, ich habe ja Nina – meine Schwester, meine Zwillingsschwester. Auf die werde ich immer zählen können. Und ich habe ja auch gesehen, wie gut es bei Lea funktioniert hat und immer noch funktioniert. Wir sind beide bedingungslos für Lea da – auch wenn wir mal eine Meinungsverschiedenheit haben.

Die Entscheidung für die künstliche Befruchtung war also getroffen, und, so erzählt Nina weiter, damit war auch der Punkt gekommen, an dem Lara die ganze Familie in ihre Pläne einweihte. Sehr schnell stand damit aber noch eine weitere Entscheidung an: die, ob das jetzt klammheimlich passieren sollte, heißt, unter Ausschluss ihrer Community. Ganz schnell wäre den beiden klar gewesen, dass Laras Entscheidung und Pläne offen kommuniziert werden müssten, denn – wenn Lara schwanger würde, was sollten sie dann dazu sagen ...

NINA: Wir haben uns also dazu entschlossen, mutig zu sein und Laras Entscheidung für eine künstliche Befruchtung öffentlich zu machen. Vor allem deshalb, weil wir mit unserem Account ja auch für eine veränderte Form von Familie stehen. Und wenn nicht einmal wir mit unserer großen Reichweite diesen Schritt machen, wie soll dieses Thema jemals normalisiert und enttabuisiert werden. Dennoch rechneten wir nach unserem Post mit einem riiiiesen Gegenwind von Seiten unserer Follower ...

 Genauso wie Lea mich an ihrer Seite hat, hätte mein Kind dann meine Schwester Nina an seiner Seite. Das gibt mir eine große Sicherheit in dem Wunsch, ohne männlichen Partner schwanger zu werden. (Lara)

LARA: ... doch es kamen überraschend viele positive Reaktionen. Was wir auch gar nicht erwartet hatten, waren die vielen persönlichen Nachrichten von Frauen, die zum einen schrieben, dass sie auch diesen Weg gegangen seien, aber es nie öffentlich ausgesprochen hätten. Zum andern schrieben uns Frauen, die zwar über eine künstliche Befruchtung nachgedacht, sich aber bisher noch nicht getraut hatten, diese Idee weiterzuverfolgen.

NINA: Natürlich haben wir auch viele Reaktionen von Frauen bekommen, die in einer unglücklichen Beziehung leben, aber dennoch den Wunsch haben, Mutter zu werden. Und auch Aussagen wie: „Wenn ihr das mit der künstlichen Befruchtung öffentlich macht und das so viele schon mal gelesen haben und meine Eltern das von euch lesen, dann traue ich mich das auch" ...

LARA: Dann kam die Phase, in der wir uns ziemlich breitflächig informiert haben über Kliniken in mehreren europäischen Ländern. Es gab verschiedene Kriterien: Sie sollte nicht allzu weit weg sein, ich wollte die Sprache verstehen können, in der dort gesprochen wird, und das Kind sollte die Möglichkeit haben, zu erfahren, wer der Samenspender ist. Gerade Letzteres war uns super wichtig. Daher haben wir uns schließlich für eine deutsche Klinik entschieden.

 Wenn ihr das durchzieht, dann mache ich das auch! (Stimmen von Followern)

ANONYME VS. OFFENE SAMENSPENDE

Viele ausländische Kliniken arbeiten ausschließlich mit anonymen Samenspendern: Bei diesen sogenannten No-Spendern kann der Weg zum Spender nicht zurückverfolgt werden. Nicht von der Mutter, nicht vom Kind, nicht von der Klinik.

In Deutschland arbeiten Kinderwunschkliniken per Gesetz anders: Der Samenspender kann nicht beschließen, anonym zu bleiben. Es gibt ausschließlich die Möglichkeit einer offenen Samenspende. Von den sogenannten Yes-Spendern sind seit 2018 in einem zentralen Register Informationen hinterlegt, die eine spätere Kontaktaufnahme ermöglichen: Name, Geburtstag und -ort, Staatsangehörigkeit und Anschrift.

Kinder, die (ab Juli 2018) mittels einer Samenspende gezeugt wurden, haben das Recht, aus diesem Zentralregister Auskunft über ihren Vater zu erhalten. Voraussetzung: Das Kind ist mindestens 16 Jahre alt. Für jüngere Kinder können die gesetzlichen Vertreter eine Auskunft beantragen, zum Beispiel die Eltern.

Im Fall von Laras Samenspender, berichtet Lara, würde der Vater sich sogar explizit freuen, dass das Kind später Kontakt zu ihm aufnimmt.
Lara hat inzwischen mehrere Versuche der Befruchtung hinter sich. Sie hat sich zunächst für das schonendste Verfahren, die sogenannte Insemination, entschieden, bei der allerdings die geringsten Erfolgschancen bestehen. Für weitere Versuche zieht sie inzwischen auch andere Verfahren in Betracht ...

Lara:
Ich werde keine
alleinstehende Mutter
sein, denn ich habe den
verlässlichsten, liebevollsten
und stärksten Partner an
meiner Seite, den man sich
selbst und für sein Kind nur
wünschen kann.

DICH, liebe
Zwillingsschwester!

«  »

Interview mit Sara und Tim

NINA UND LARA: Glaubt ihr, dass ein Kind auch in anderen als klassischen Familienverhältnissen gesund und glücklich aufwachsen kann? Sei es eine gleichgeschlechtliche Partnerschaft, sei es eine Patchworkfamilie, sei es eine WG. Glaubt ihr, das hat hauptsächlich Nachteile oder auch Vorteile?

SARA: Ich glaube, ein anderes Familienmodell hat weder Vor- oder Nachteile ... Hauptsache, das Kind bekommt genug Liebe und fühlt sich wohl. Und dann ist es ja egal, wer jetzt die Bezugsperson ist – ob das der Papa und die Mama gemeinsam sind oder nur der Papa oder zwei Papas oder nur die Mama oder wie auch immer ... Solange es dem Kind gut geht und alle zufrieden und glücklich sind ...

NINA UND LARA: Und was jetzt Laras Entscheidung angeht, ohne Mann Mama werden zu wollen, wie ist eure Meinung dazu? Habt ihr da irgendwie Bedenken?

TIM: Nee, gar nicht. Wenn das ein Herzenswunsch ist, dann soll das so sein. Und den kann man sich ja erfüllen, sogar in Deutschland. Wir hätten uns auch medizinische Hilfe gesucht, hätte das jetzt mit unserem Nachwuchs nicht geklappt ...

Alle vier sind sich einig, dass man im 21. Jahrhundert medizinische Hilfe suchen darf und sollte (!), um sich einen Kinderwunsch zu erfüllen. Auch ohne Mann.

TIM: Früher haben Frauen, die kinderlos geblieben sind, sich umgebracht oder sind psychisch krank geworden ...

SARA: Früher hat man ja auch deshalb einen Mann gehabt, weil es ohne ihn kaum möglich war, richtig zu leben.

Früher konnte eine Frau ohne Mann wirtschaftlich nicht überleben, weil sie nicht arbeiten durfte – und damit darauf reduziert war, Kinder zu gebären. Dass die Gesellschaft das von einem verlangt, ist total überholt. (Lara)

Interview mit dem Vater

NINA: Thema künstliche Befruchtung. Wie stehst du dazu? Macht dir das in irgendeiner Weise Bauchschmerzen, dass Lara diesen Weg gehen möchte? Hättest du dir das grundlegend anders gewünscht? Oder bist du der Meinung, dass man das heute, im 21. Jahrhundert, auch einfach leben darf?

DER VATER: Ja, genau so! Es gibt inzwischen die Möglichkeit. Und wenn Lara in diesen Zeiten diesen Entschluss fasst, dann stehe ich da auch voll dahinter *[Lara und ihr Vater umarmen sich]*. Ich muss da nicht unbedingt so 'nen Typen haben, der dabei ist. Es gibt heute andere Möglichkeiten. Es ist deine Entscheidung, Lara.

Teil 7

DIE GRÖSSTE HERAUSFORDERUNG BEI DER ARBEIT AUF INSTAGRAM

Generell macht die Arbeit auf Instagram den Zwillingen viel Freude, und sie können gut davon leben. Aber es gibt noch einen Punkt, eine der größten Herausforderungen bei ihrer Arbeit, über den Nina und Lara sprechen wollen: darüber, wie Sie mit Hasskommentaren umgehen. Lara erzählt, dass sich die beiden anfangs deutlich mehr durch Hasskommentare belastet gefühlt hätten als heute. „Da haben wir wirklich jede einzelne negative Nachricht gelesen, hinterfragt, uns Gedanken gemacht, uns ausgetauscht darüber, ob da was dran sein kann …", sagt sie.

NINA: Inzwischen sind wir auf dem Standpunkt, dass das einfach eine Tatsache ist: Je größer der Account, je mehr Follower, umso mehr wirst du zur Zielscheibe.

LARA: Vor allem, wenn du Persönliches teilst, machst du dich sehr angreifbar.

NINA: Und wenn die Community immer mehr wächst, dann ist es doch logisch, dass die Zahl der Leute, die was zu meckern haben, auch immer größer wird. Die Zahl der positiven Follower steigt ja gleichzeitig im selben Maß an.

LARA: Manchmal, wenn wir hier sitzen und über die zwei Hassnachrichten reden, die wir an diesem Tag bekommen haben, und uns das runterzieht, dann sag´ ich schon mal: „Boah, Nina, das waren jetzt zwei Nachrichten von 700 – 698 Reaktionen waren also positiv!"

Je größer die Zahl der Follower, umso mehr Hasskommentare erreichen dich – ohne dass sich die prozentualen Anteile zwischen denen, die dir wehtun wollen, und denen, die dir gegenüber positiv eingestellt sind, verändern.

NINA: Was wir auch lernen mussten, ist, dass nicht jeder, der in den sozialen Medien etwas gegen uns schreibt, uns mit Worten teilweise richtig fertig macht, ein Problem mit UNS hat. Viele Personen nutzen dieses Anonyme des Internets, egal auf welcher Plattform, auch als Ventil. Um den Frust durch eigene Probleme, Enttäuschungen, Schicksalsschläge loszuwerden.

Ich bin der Meinung, ganz oft meinen die Leute das nicht persönlich. Sie benutzen uns nur als Prellbock. Und missbrauchen unseren Account als Forum, um auf Gleichgesinnte zu treffen. Und da finden sie dann natürlich auch ein paar. Das hat aber alles nichts mit UNS zu tun! Seitdem wir das von dieser Warte aus sehen können, können wir mit Hasskommentaren viel besser leben.

LARA: Wir gehen inzwischen auch viel gezielter damit um: Wenn es eine reine Hassnachricht ist, inhaltsleer, typischerweise auch mit übelsten Schimpfworten, dann ignorieren wir das einfach und blockieren den Absender sofort.

Wenn es Kommentare sind, in denen wir auch nur einen Hauch von konstruktiver Kritik erkennen können, bekommen die Absender meistens eine Antwort von uns. Wir schreiben ihnen, was wir anders sehen, dass wir überzeugt hinter gewissen Dingen stehen … Und wir diskutieren gerne mit diesen Leuten.

NINA: Viele der negativen Nachrichten lauten jedoch einfach nur: „Boah, ich hab' keine Lust mehr, mir eure Storys jeden Tag anzuhören, das jeden Tag zu lesen …" Und denen geben wir dann einfach nur eine kurze Anleitung, wie sie uns nicht mehr folgen „müssen".

LARA: Und wenn die dann zurückschreiben: „Das hättet ihr wohl gerne", dann ist sonnenklar, dass sie einfach Stress machen wollen, da gibt's nichts Inhaltliches dahinter. Dann erledigen wir das Entfolgen für sie, indem wir sie blockieren. – Also damit gehen wir inzwischen echt routiniert um.

Unser Account ist kostenlos. Es gibt keine finanziellen Verpflichtungen, man kann ihn nach Belieben abonnieren oder uns wieder „entfolgen". Dieses Wissen hilft auch uns super gut, Hater von Kritikern zu unterscheiden.

Das heißt aber nicht, dass wir uns über jegliche Kritik erhaben fühlen, ganz und gar nicht. Es gibt ja einen Unterschied zwischen „Hasskommentar" und „seine Meinung sagen". Klar erwarten wir nicht, dass jeder alles, was wir sagen und machen, jederzeit gut findet. Wenn das von mehreren Seiten kommt, ist das für uns durchaus ein Anlass, darüber nachzudenken, ob etwa eine Aussage übergriffig war, ob wir jemanden ungewollt angegriffen haben. Und wenn dem so ist, dann sagen wir auch ganz klar: „Du hast recht, da haben wir nicht so drüber nachgedacht." Das rücken wir dann gegebenenfalls auch vor unserer gesamten Community zurecht.

> Wir sind auch nur Menschen. Der einzige Unterschied zu vielen anderen ist, dass uns, wenn wir etwas sagen, 400.000 Menschen zugucken.

Teil 8

AUSBLICK

1. WEITWINKEL

NINA: Wir sind keine Freunde von Fragen wie: „Wo seht ihr euch in fünf Jahren?" Nach dem Motto, dann wird da ein Haus stehen, und wir haben genau soundso viele Kinder.

LARA: Als Kind macht man sich Pläne: „Wenn ich mal groß bin, dann werde ich …" Aber das Leben hat uns schon zu oft gezeigt, dass Pläne zwar in der Theorie immer super sind …

NINA: … aber in der Praxis dafür da sind, durchkreuzt zu werden. Meine Mama hat in der Küche seit ewigen Zeiten eine Karte hängen, auf der steht: „Leben ist das, was passiert, während du eifrig dabei bist, Pläne zu machen." Dem stimmen wir voll und ganz zu.
Ich würde daher statt von konkreten Plänen lieber von einer Einstellung der Zukunft gegenüber sprechen: Ich möchte in den nächsten 10–15 Jahren glücklich sein. Ich wünsche mir, in den nächsten 10–15 Jahren noch ein oder zwei Kinder zu bekommen. Ich wünsche mir, eine tolle Familie zu haben. Wobei ich offen lasse, ob das so aussieht, dass ich und Lara in einem schönen Doppelhaus wohnen, mit einem gemeinsamen Garten, und jede von uns ihre Kiddies hat. Oder ob vielleicht auch an meiner, an Laras oder an unser beider Seite jeweils ein Partner ist.

LARA: Wir machen unsere Vorstellungen für die Zukunft nicht an irgendwelchen materiellen Dingen oder Meilensteinen fest. Auch meine Aussicht für die Zukunft ist, dass ich einfach glücklich sein möchte. Und ich möchte einen Ort gefunden haben, wo ich genauso zuhause bin wie in meinem Elternhaus.

NINA: … mit einem riesengroßen Spiegel, vor den ich mich jeden Tag stellen und zu mir sagen kann: „Das bin ich, ich bin zufrieden mit meinem Leben, ich lebe das, was ich mir für mein Leben gewünscht habe."

 Mein Wunsch für die Zukunft ist so schlicht wie groß: innere Zufriedenheit mit mir selbst und meinem Leben. (Nina)

Und ob das dann in 10 Jahren gesellschaftlichen Konventionen entspricht oder immer noch mein ganz eigener, spezieller Weg ist, das ist völlig egal.

LARA: Und ich wünsche mir eine glückliche Lea!

Wir finden diesen unseren Ausblick auf die nächsten vielen Jahre „normal", auch wenn viele das vielleicht für unspektakulär halten mögen und sich wundern, warum wir keine beruflichen Ziele formulieren, das Hausbauen nicht als Meilenstein sehen, ebensowenig wie das Heiraten ...

2. ZOOM

Anfang März hat Nina der Community von @dastwinteam kommuniziert, dass auch sie, inzwischen sieben Jahre nach der schlimmen Geburt mit Lea, einen großen Kinderwunsch habe. Und dass auch für sie der Weg der künstlichen Befruchtung durchaus in Frage käme. Im Interview sagt sie, die während Leas Baby-, Kleinkind- und auch Kindergartenzeit keinen einzigen Gedanken an ein weiteres Kind gehabt hätte: „Ich werde dieses Thema jetzt so ganz, ganz langsam angehen."

Im April 2021 wurde Lara nach dem 4. Inseminationsversuch schwanger. Die Freude war riesig. Leider kam es zu einem Frühabort ... ein Sternchen, das nun über uns wacht.

Die Reise geht weiter!

 „Ein Kind - das wird toll, haben sie gesagt. Ein Kind - das ist pure Magie, sagen wir." (aus einem Post von @dastwinteam am 29.10.19)

„Ich weiß noch nicht so viel, aber ich weiß, was Liebe ist." (Lea in einem Post von @dastwinteam am 11.03.20)

Teil 9

WIR MÖCHTEN ETWAS ZURÜCKGEBEN

Ein Teil des Erlöses dieses
Buches geht an die
Essener Elternberatung
„Frühstart"/Bunter Kreis.

1. WAS IST DIE ELTERNBERATUNG „FRÜHSTART"/BUNTER KREIS?

Die Elternberatung „Frühstart" des Bunten Kreises am Universitätsklinikum Essen ist eine in der Region einmalige Initiative in der psychosozialen Betreuung von Familien mit Frühgeborenen und kranken Neugeborenen. Dabei unterstützen Ärztinnen, Gesundheitskinderkrankenpflegerinnen, Psychologinnen und Sozialpädagoginnen Eltern mit Risikoschwangerschaften vor der Geburt und bis zu drei Monaten nach der Entlassung aus dem Krankenhaus.
2010 wurde der Bunte Kreis des Universitätsklinikums Essen gegründet, der als assoziiertes Mitglied des Bundesverbandes Bunter Kreise das bundesweit anerkannte Nachsorgekonzept anbietet.
Im Mittelpunkt stehen die sichere frühstmögliche Entlassung der Kinder in den Kreis der Familie und ein fließender Übergang vom stationären Aufenthalt in die ambulante Versorgung. Gemeinsam mit Kooperationspartnern und dem niedergelassenen Kinderarzt wird somit für die Familien ein Betreuungsnetzwerk errichtet, was den Übergang aus dem Krankenhaus in die häusliche Umgebung erleichtern soll.
In Deutschland kommt rund jedes zehnte Kind als Früh- und Risikogeburt auf die Welt. Der Bundesverband „Bunter Kreis e.V." unterstützt seit den 1990er Jahren Familien mit Risikoschwangerschaften auf dem Weg zur Genesung der kleinen Patienten oder hilft ihnen dabei, mit chronischen Erkrankungen oder Behinderungen besser zu leben.
Beim Team am Essener Universitätsklinikum steht bei der in der Region einmaligen Initiative Elternberatung „Frühstart"/Bunter Kreis die psychosoziale Betreuung von Familien mit Frühgeborenen, kranken Neugeborenen und chronisch kranken Kindern im Mittelpunkt.

DIE PFLEGERISCHE LEITERIN
MARGARETE REIMANN ERKLÄRT FOLGENDES:

Zu früh geborene Kinder und deren Eltern bekommen bei uns eine umfassende Betreuung vom Bauch bis in das heimische Kinderzimmer. Wir unterstützen die Eltern mit der Beratung in der gewohnten Umgebung der eigenen vier Wände sowie mit vielen Telefon- und Videosprechstunden, um ihnen den Übergang vom Krankenhaus in die häusliche Pflege zu erleichtern. Dass diese Hilfe ankommt, haben auch mehrere wissenschaftliche Untersuchungen bestätigt.

Die Kombination aus der stationären Elternberatung ‚Frühstart' und der sozialmedizinischen Nachsorge des Bunten Kreises, welche durch ein Team angeboten wird, ist ein einzigartiges Angebot im Ruhrgebiet. Um die erfolgreiche Arbeit fortsetzen zu können, benötigen wir für die Elternberatung ‚Frühstart' dringend Spenden. Diese Form der Beratung wird nur in begründeten Fällen von den Kostenträgern finanziell übernommen.

 Spendenkonto: Bunter Kreis/Elternberatung
„Frühstart"
IBAN: DE 0937 0205 0005 0005 0005
Stichwort: „Frühstart"

Bild oben:
Links: Margarete Reimann, pflegerische Leitung Elternberatung „Frühstart"
Rechts: PD Dr. med. Britta Hünning (Oberärztin für Frühgeborenennachsorge, ärztliche Leitung Elternberatung „Frühstart")

187

2. UNSERE VERBINDUNG ZUM BUNTEN KREIS

Unser erstes Zusammentreffen mit dem Bunten Kreis war zu Leas Geburt 2014. Als Frühchen rückte auch bei Lea der Tag der Entlassung immer näher. Und damit verbunden so viele Unsicherheiten und Fragen. Im Vergleich zu gesunden Neugeborenen fordert die Entlassung eines Frühgeborenen ein spezielles Entlassmanagement. Hier gilt es, einige Fragen vorab zu klären und gewisse Dinge zu organisieren. Und so war für uns die größte Herausforderung, einen passenden und ortsnahen Pflegedienst zu finden. Die Schwierigkeit war hier, einen Pflegedienst zu finden, der schon auf die ganz Kleinen spezialisiert ist. Lea wurde damals mit einer Magensonde nach Hause entlassen. Das wiederum bedeutete, dass der Pflegedienst auch in diesem Bereich geschult sein musste. Ebenso musste die Beschaffung der Sondennahrung organisiert werden. Auch eine Flut an Nachsorgeterminen eines Frühgeborenen galt es zu organisieren und zu terminieren.

All das schien wie eine unglaubliche hohe Welle über uns hineinzubrechen. Genau an dieser Stelle nahm uns der Bunte Kreis an die Hand und bot uns Unterstützung in vielerlei Hinsicht an.

Sofort übernahmen sie die Suche nach einem geeigneten Pflegedienst und stellten eine Lieferung der Sondennahrung sicher. Eine Mitarbeiterin war von nun an stets für uns da. Sie hatte immer ein offenes Ohr für uns. Manchmal reichte schon ein Telefonat, um die akuten Sorgen zu nehmen. Ansonsten aber besuchten sie uns regelmäßig. Hier wurde sich nicht nur um den gesundheitlichen Zustand des Kindes gekümmert oder Nachsorge- und Kontrolltermine vereinbart, nein – bei einem Kaffee rollten auch regelmäßig die Tränen.

Denn hier, mit dem Bunten Kreis, fühlte man sich verstanden und wertgeschätzt mit seinen Sorgen und Ängsten.

Heute ist Lea sieben Jahre alt. Und noch heute, wenn auch viel seltener, stehen wir immer mal wieder in Kontakt. Gibt es „Probleme", bei denen wir nicht so recht weiterkommen, wissen wir, sie sind weiterhin für uns da und helfen, wo sie nur können.

Rückblickend können wir einfach nur DANKE sagen! Danke, dass ihr in einer der schwersten Zeiten für uns da wart.

Wir wünschen uns so sehr, dass diese unerlässliche Arbeit, die ihr in der sozialmedizinsichen Nachsorge leistet, wertgeschätzt wird.

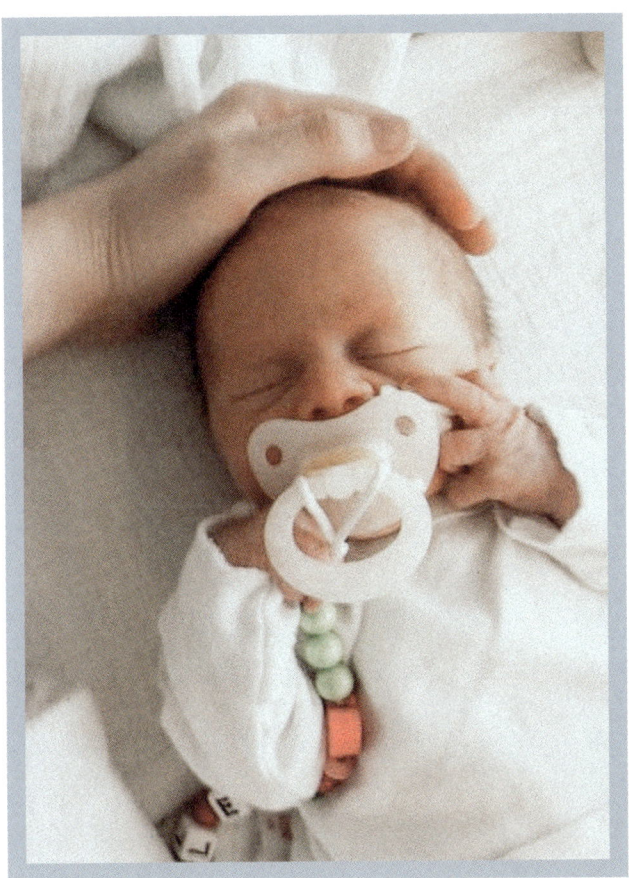

DANKE

Diese Stelle des Buches möchten wir dafür nutzen, uns bei den Menschen zu bedanken, die eine solche Publikation überhaupt erst möglich gemacht haben.

Unser erster Dank geht an Sabine Schmieder, unsere Verlegerin. Ihr war es immer möglich, für uns ein offenes Ohr zu haben und uns stets zu motivieren, auch dann, wenn wir bereits ans Aufgeben dachten.

Ein besonderer Dank gilt auch Claudia Lenz, die uns geholfen hat, unsere Gedanken zu ordnen und zu verschriftlichen.

Des Weiteren möchten wir Gina Janosch danken. Als Lektorin hat sie unserem Buch den sprachlichen Feinschliff gegeben.

Aber erst mit dem perfekten Layout bekommt ein Buch einen Charakter. Und genau diesen Charakter hat uns die liebe Simone Ruths gezaubert. Es hätte nicht treffender sein können.

Und zuletzt möchten wir uns bei unserer Fotografin bedanken, die mittlerweile eine gute Freundin geworden ist. Erst ihre Bilder lassen das Buch leben. Danke Sophie Biebl für diese tolle Arbeit.

Selbstverständlich richtet sich unser Dank auch an unsere tolle Familie. Sie haben uns von Anfang an in dem Projekt unterstützt und standen uns zu jeder Zeit mit Rat und Tat zur Seite. Durch ihre Bereitschaft mitzuwirken, gaben sie uns die Möglichkeit, unser Buch mit lebendigen Interviews zu füllen. Ein riesen Dankeschön dafür.

Wir sind allen Mitwirkenden sehr, sehr dankbar und freuen uns auf das, was kommt.

IMPRESSUM

© 2021 mindfulbooks
mindfulbooks ist ein Verlag der Schmieder-Media GmbH,
Lünen, Deutschland.

Alle Rechte vorbehalten
ISBN 978-3-9822208-1-9
1. Auflage

Konzept: Sabine Schmieder, Claudia Lenz
Interviews und Redaktion: Claudia Lenz
Lektorat: Gina Janosch
Korrektorat: Simone Fischer

Fotografie: Sophie Biebl; Instagram @sophie_biebl
Umschlag, Layout & Satz: Simone Ruths, www.rosavision.de
Illustrationen: Simone Ruths, freepik.com
Druck und Bindung: COULEURS Print & More GmbH, Köln

WWW.SCHMIEDER.MEDIA